普通高等教育本科规划教材

大学生健身运动教程

主　编　汤月琴　侯园园　吴梦妍
副主编　陈瑞琴　朱冬喜　沈文熹　李秋梦

苏州大学出版社
Soochow University Press

图书在版编目(CIP)数据

大学生健身运动教程/汤月琴,侯园园,吴梦妍主编. --苏州:苏州大学出版社,2024.6. --(普通高等教育本科规划教材). --ISBN 978-7-5672-4859-5

Ⅰ. G883

中国国家版本馆CIP数据核字第20242QA974号

大学生健身运动教程

汤月琴 侯园园 吴梦妍 主编

责任编辑 管兆宁

苏州大学出版社出版发行

(地址:苏州市十梓街1号 邮编:215006)

苏州市越洋印刷有限公司

(地址:苏州市吴中区南官渡路20号 邮编:215100)

开本 787 mm×1 092 mm 1/16 印张 13.25 字数 242 千

2024年6月第1版 2024年6月第1次印刷

ISBN 978-7-5672-4859-5 定价:45.00元

前言 Preface

在这个充满活力与挑战的时代，健康是我们追求美好生活的基石。大学里紧张的学习，容易造成大学生身心疲惫，而积极参加体育锻炼可以消除疲劳，放松身心，释放压抑的情绪。在大学校园中，健身运动宛如一道亮丽的风景线，为大学生活注入了无限活力与激情。本书致力于引领学生探索身体与力量的奥秘，迈入健身的精彩世界。本书介绍了六项健身运动的训练方法和技巧，融入了丰富的理论知识和实践案例，能帮助学生全面地了解健身运动，真正地爱上健身运动。无论是想塑造完美身材、提升身体素质，还是想培养良好的运动习惯、追求健康生活，本书都将成为学生实现目标的好帮手。

本书全面阐述了排舞、健美操、啦啦操、健身瑜伽、体育舞蹈、健美运动的特点和锻炼方法，注重理论与实践的结合，引导学生树立正确的健康观念，并懂得如何科学地进行锻炼，有助于学生根据自己的需求和兴趣选择适合的运动方式。编者遵循针对性、实用性、科学性等原则，精炼与拓展教学内容，并配以大量的动作示范图和辅学视频二维码，使教材内容更具直观性，易学、易懂、易用。希望学生通过对本书的学习，积极投入体育健身中，让运动成为生活习惯，让健康成为青春底色。

本书由汤月琴、侯园园、吴梦妍任主编，陈瑞琴、朱冬喜、沈文熹、李秋梦任副主编，其他编写人员有程广振、李亚、朱燕君、马思恩、李姝颖、顾张瑜、徐思雨、史得丽、李琳琳、沈金花、陈松、缪澄等。

书中示范图片及视频拍摄由苏州大学体育学院史得丽老师，苏州城市学院马思恩老师，苏州城市学院学生金鑫、胡艺馨、徐桂英、杨沥、莫韫琦、邓樨霖、李成飞等完成。

在本书编写过程中，编者参考和引用了诸多业内同行出版、发表的著作和文章，在此向有关作者致以最真诚的感谢。本书的编写得到了学校相关领导和业内同行的关心和支持，苏州大学出版社也为本书的出版做了大量工作，在此一并表示最衷心的感谢。

本书的编写当属探索和实验，由于作者水平有限，书中难免有疏漏和不足之处，恳请诸位专家和读者批评指正，以便我们及时修正。

目录 Contents

第一章 排舞运动

本章导读

排舞起源于20世纪70年代的美国西部乡村舞蹈，是一项将音乐和固定舞步融合在一起，由一人或多人通过风格各异的舞步循环来愉悦身心的国际性体育运动，属于全球化健身运动类别的一个分支。2008年8月8日早晨8点08分，天安门广场上800名排舞爱好者身着奥运五环颜色T恤，组成五个方阵，伴随着奥运主题歌曲，表演了具有中国特色的排舞，以此表达对北京奥运会的祝福，这对我国排舞运动的开展具有里程碑意义。大学生学习排舞能够提高身体素质、提升音乐素养、了解世界文化、培养礼仪修养。本章介绍了排舞运动的基本知识，主要阐述了排舞音乐和舞码、排舞基本术语，排舞运动中常见的运动损伤与其处理，以及排舞的编排、表演和比赛等内容。

学习目标

1. 了解排舞的发展历程、分类、特点及健身价值。
2. 掌握排舞的基本术语、基本步法及基本技术。
3. 了解排舞运动中常见的运动损伤，并学会做好预防与处理。
4. 掌握排舞编排技巧，了解排舞比赛规则，学会欣赏排舞表演和比赛。

第一节 排舞简介

一、排舞的概念

排舞是一项将音乐和固定舞步融合在一起，由一人或多人通过风格各异的舞步循环来愉悦身心的国际性体育运动。排舞既可以集体共舞，又可以个人独舞，形式多样且丰富多彩。现如今，排舞已经风靡世界，受到不同国籍、性别及年龄的人们的喜爱。

二、排舞的发展概况

（一）排舞在世界的发展

排舞萌芽于美国西部乡村的民间社交舞，其包含了许多舞蹈形式的风格特征。19世纪初，欧洲的社交舞随着移民传入美国，但社交舞需要男女相互结伴才能跳，这在很大程度上限制了没有舞伴的人。因此，美国一些社交俱乐部的舞者尝试着单独或多人站成一排跳舞，这就是排舞的起源。

随着时间的推移，排舞逐渐发展并传播到世界各地。排舞从宫廷舞、集体舞到交谊舞，再到不用舞伴也可以跳，向着更自由、更灵活的大众化方向发展。随意和休闲成为这一时期排舞的特色，其音乐也带有美国西部乡村音乐的烙印。

随着排舞的普及和发展，它逐渐融入了更多的舞蹈元素和风格。欧洲宫廷舞和南美拉丁舞的舞步被融入其中，使得排舞的舞步更加多元，风格更具创新性。排舞的特点也变得更为鲜明，简单易学，既可个人独享，又可团体共乐。这种独特的舞蹈形式在2000年传入亚洲，并逐渐引起了广泛的关注，受到各个年龄层人士的欢迎。

为了统一排舞的标准，编制的新舞曲需要经过国际排舞协会的认证才能在全世界发行推广。这种一致的舞蹈标准使得全世界的跳法都是统一的，增强了排舞的可比性和交互性。如今在世界各地，排舞已经成为一种时尚和热门的舞蹈形式，许多人都会在公共场所或社区聚集起来跳排舞，享受舞蹈带来的乐趣和愉悦。

（二）排舞在中国的发展

2008 年，国家体育总局体操运动管理中心将排舞作为全民健身项目进行推广。从那时起，排舞在我国的普及程度逐步提高，成为一项受到广泛欢迎的健身运动。

在推广方面，2013 年全国排舞运动推广中心（2017 年更名为“全国排舞广场舞推广中心”）被授权组建，并落户杭州。该中心在全国各大中小学和幼儿园开展排舞教练员的培养工作，为数百万中国青少年提供了增强体质的机会。此外，每年定期举办的国家级赛事“舞动中国-排舞联赛”是我国参与城市最多、受众面最广的排舞顶级赛事。

总的来说，排舞在我国的发展已经取得了显著的成绩。从校园到社区，排舞已经成为一项普及程度较高的健身运动。随着国家对全民健身的日益重视和排舞运动的不断发展，排舞在我国的发展前景将更加广阔。

三、排舞的特点

（一）风格多元

排舞包含了多种舞蹈形式的风格特征，例如，拉丁舞的热情奔放、爵士舞的灵动活泼，以及街舞的自由随性等。这使得排舞具有广泛的受众群体，无论喜欢哪一种风格的舞蹈，都能在排舞中找到自己的喜好。

（二）简单易学

排舞的舞步相对简单，没有复杂的步伐和技巧要求，即使是没有舞蹈基础的人，也可以轻松上手。通过简单的模仿和练习，就可以快速掌握排舞的基本舞步。

（三）互动性强

排舞是一种集体舞蹈，需要大家站成一排或围成一个大圈来跳。这不仅增强了互动性和趣味性，还使得人们能够结识新朋友，增进友谊。

（四）无需舞伴

与传统的交谊舞不同，排舞不需要男女配对跳舞，可以独自一人或者与朋友们一起参与其中，享受舞蹈带来的快乐。

（五）适应性强

排舞的音乐节奏明快、轻松活泼，适合各个年龄层的人参与。无论是年轻人还是老年人，都可以在排舞中找到适合自己的节奏和难度。

（六）有益于健康

排舞是一项有氧运动，可以增强人体的心肺功能，促进血液循环和新陈代谢等。此外，跳排舞还能增强身体的协调性和柔韧性，对于预防和治疗一些慢性疾病具有一定的效果。

（七）适于文化交流

排舞可以成为不同国家和文化之间交流的桥梁。由于排舞的通用性和国际化特点，不同国家和地区的人们可以通过跳排舞来了解彼此的文化传统和风土人情。

第二节　排舞的分类及健身价值

一、排舞的分类

可以根据不同的标准对排舞进行分类，以下是几种常见的分类方式。

（一）按照风格分类

按照风格，排舞一般可分为升降起伏、律动、平滑、古巴、街舞、舞台、民族和曳步舞八大类。排舞的每一种风格都有其独特的舞蹈元素和动作特点，为排舞增添了多样性和丰富性。排舞风格分类如表 1-2-1 所示。

表 1-2-1　排舞风格分类

风格类型	说明	种类
升降起伏	一种运用升降和摆荡动作的舞蹈，强调重心的升降	华尔兹
		维也纳华尔兹
		狐步舞
		快步舞
律动	一种运用脉冲运动的舞蹈，强调律动	波尔卡舞
		东海岸摇摆舞
		牛仔舞
		桑巴
平滑	一种运用平滑动作的舞蹈，强调重心平移	西海岸摇摆舞
		夜总会舞
		探戈
古巴	一种运用古巴动作的舞蹈，强调髋部运动	恰恰
		伦巴
		曼波
街舞	一种展示步法和身体动作的舞蹈，强调手臂和腿部的弯曲、身体的拉升和抖动	嘻哈舞
		霹雳舞
		机械舞
		爵士舞
		锁舞
舞台	一种展示步法和身体动作的舞蹈，或同于百老汇舞蹈、舞台秀	现代舞
		抒情舞
		芭蕾舞
民族	泛指产生并流传于民间，受民俗文化制约的舞蹈，风格相对稳定，以自娱为主要功能	藏族舞
		蒙古族舞
		维吾尔族舞
		秧歌舞
曳步舞	一种以舞步变化为主要内容，一人或多人同时跳的舞蹈，俗称“鬼步舞”	—

（二）按照难度等级分类

按照难度等级，排舞可分为初级、中级和高级。这样分类是为了满足不同水平的舞者的需求，初学者可以从简单的舞步开始学习，而有一定基础的舞者可以选择更高级别的排舞。

（三）按照舞者性别分类

按照舞者性别，排舞可分为男子组舞和女子组舞，这种分类方式可以满足不同性别的舞者的需求，增强排舞的多样性和可选择性。

（四）按照舞者人数分类

按照舞者人数，排舞可分为独舞、双人舞和群舞等。独舞是由一个人来表演的，主要体现人物的内心世界；双人舞是由两个人共同完成的，表现一个主题内容，体现两个人之间的相互交流和关系；群舞则是由三个人及以上共同完成的，通过多种舞蹈队形和舞蹈画面，以及不断的变化方式来达到完美的视觉效果，并体现出更强的艺术感染力。

以上是排舞的一些常见分类方式，每一种分类方式都有其独特的意义和价值，体现排舞的多样性和丰富性。

二、排舞的健身价值

排舞对大众而言，具有很高的健身价值。

首先，排舞是一项有氧运动，可以增强人的心肺功能，促进血液循环和新陈代谢，有助于提高人的身体素质和免疫力。

其次，排舞是一项集体舞蹈，需要大家站成一排或围成一个大圈来跳，增强了互动性和趣味性，有助于人们结识新朋友、增进友谊，同时培养团队合作精神和集体荣誉感。

再次，排舞的舞步相对简单，没有复杂的步伐和技巧要求，即使是舞蹈基础较弱的人也可以轻松上手，这为初学者提供了一种方便的健身方式。通过简单的模仿和练习，初学者可以快速掌握排舞的基本舞步，从而达到锻炼身体的效果。

最后，排舞还有益于脑部锻炼。在排舞的练习过程中，练习人员不仅要运用形象记忆、概念记忆，还要运用情绪记忆和运动记忆。这种练习过程有助于减缓记忆力减退，提高人的智力水平。

综上所述，排舞对当代人而言是一项非常有益的健身方式，不仅能够提高身体素质和免疫力，还有助于结交新朋友、培养团队合作精神和集体荣誉感，同时提高智力水平。

第三节　排舞基本知识

一、排舞音乐和舞码

排舞音乐和舞码是排舞的重要组成部分，它们共同构成了排舞的独特魅力和艺术特色。排舞音乐通常是节奏感强烈的流行乐曲，每支曲目都有独一无二的舞码。舞码类似于编程语言的程序指令，用于规定每一个舞步的方向和动作。排舞的每个舞步都有一个统一的动作名称和步序，保证了排舞在全球范围内的统一性和可跳性。在跳排舞时，人们需要按照舞码的指令进行舞步的排列和变化，同时跟随音乐节奏起舞。

（一）排舞音乐和风格

音乐在排舞中起到了重要的作用，它不仅为舞者提供了节奏和旋律的背景，还赋予了舞者情感的表达和交流。通过不同的音乐风格和节奏，排舞可以展现出不同的情感和氛围，从欢快到抒情，从浪漫到激情，使舞者能够在舞蹈中实现情感的宣泄和表达。

排舞的音乐和风格是相辅相成的，音乐为排舞提供了节奏和旋律的背景，而风格则赋予了排舞独特的个性和魅力。

排舞的音乐通常选用流行乐曲，这些乐曲通常节奏感强烈、旋律优美，非常适合舞蹈的节奏和步伐。不同风格的排舞会选用不同类型的音乐，比如，古典风格的排舞会选用古典音乐，爵士风格的排舞则会选用爵士乐或者流行音乐。

同时，排舞的风格也受到音乐的影响。音乐的节奏和旋律可以激发舞者的灵感和情感，从而影响排舞的表现方式和风格特点。例如，快节奏的音乐通常会使舞者的动作更加迅速和灵活，而慢节奏的音乐则会使舞者的动作更加柔和和优雅。

此外，排舞的风格还可以通过舞蹈的步伐和动作来表现。例如，舞蹈步伐的变化、身体姿态的调整以及手势的使用等，都可以提升排舞的艺术表现力和观赏性。

总之，排舞的音乐和风格是相互关联、相互影响的。在跳排舞时，选择适合的音乐和表现出独特的风格是非常重要的，这有助于提高排舞的艺术表现力和观赏性，让更多的人喜欢上这种充满活力和魅力的舞蹈形式。

（二）排舞舞码和舞谱

排舞舞码和舞谱是排舞的重要构成元素，二者相互关联，对于排舞的传播和学习起着至关重要的作用。

首先，我们来了解舞码。只有使用经过国际排舞协会认证的舞码的舞蹈才能被称为“排舞”。每个排舞都有国际统一的名称和节拍数，并且在全世界范围内进行规范的传播。每个排舞的舞码主要规定了舞步和节拍，而对于舞者的躯干动作和上肢动作没有统一的规定，这就意味着各个国家的舞者可以基于这些基础的舞步进行创造性的表演。一些大型的网站，如“铜钮网”会定期发布最新的排舞舞码，为排舞爱好者提供丰富的学习资源。在排舞的学习和表演中，了解和掌握舞码是非常重要的。通过了解舞码，舞者可以更好地理解和记忆每个舞步的指令和动作，从而增强排舞的表演效果和美感。同时，舞者还需要对音乐有一定的了解和掌握，以便更好地理解和感受音乐与舞蹈的完美结合，展现出生动、有趣的舞蹈表演。

其次，我们来了解舞谱。舞谱是用来记录舞蹈动作的工具，它以符号的形式对舞蹈动作进行记录，从而帮助学习者了解和学习舞蹈。排舞的舞谱也遵循一定的规则和标准，能够全面、准确地将舞蹈动作记录下来，从而方便学习。

综合来看，舞码和舞谱都是排舞的重要组成部分，二者在排舞的推广中发挥着重要的作用。因为使用国际统一的舞码，排舞才得以在全球范围内进行规范的传播；而通过舞谱，排舞的学习者可以更好地了解和学习舞蹈动作，从而提高自己的舞蹈水平。

二、排舞术语

排舞术语是指排舞理论和技术等方面的专门用语，可分为以下几类。

（一）排舞动作方向术语

动作方向是指人体或人体某一部分运动的指向或位置。为了正确地辨别身体方向和检查动作旋转的角度，方便理解和记忆套路动作，国际排舞协会规定以时钟的方向为运动方向。动作方向的参照体中，箭头表示时钟，脚印表示人体，如图 1-3-1 所示。

术语 1	时钟 12:00 方向	人体直立时胸部所对的方向
术语 2	时钟 3:00 方向	人体直立时右肩所对的方向
术语 3	时钟 9:00 方向	人体直立时左肩所对的方向
术语 4	时钟 6:00 方向	人体直立时背部所对的方向
术语 5	时钟 1:30 方向	人体直立时身体右前方
术语 6	时钟 4:30 方向	人体直立时身体右后方
术语 7	时钟 7:30 方向	人体直立时身体左后方
术语 8	时钟 10:30 方向	人体直立时身体左前方
术语 9	顺时针方向	12:00→3:00→6:00→9:00→12:00
术语 10	逆时针方向	12:00→9:00→6:00→3:00→12:00

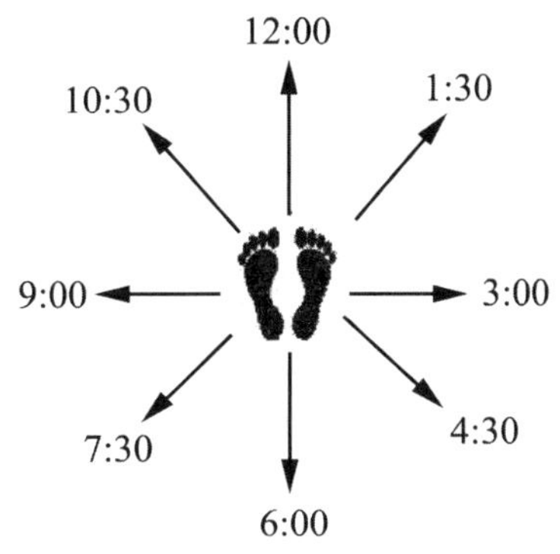

图 1-3-1　排舞动作方向术语

（二）排舞基本名词术语

排舞基本名词术语如表 1-3-1 所示。

表 1-3-1　排舞基本名词术语

序号	名词术语	序号	名词术语	序号	名词术语	序号	名词术语
1	排舞	11	编舞者	21	音乐	31	演唱者
2	拍子	12	方向/遍	22	舞蹈水平	32	每分钟拍数
3	初级	13	中级	23	高级	33	前奏/介绍
4	开始	14	舞蹈顺序（舞序）	24	小节/章节	34	段落/部分
5	结束	15	间奏	25	从头开始	35	重复
6	前面	16	后面	26	侧面	36	斜角
7	步伐	17	脚	27	右脚	37	左脚
8	脚尖	18	脚跟	28	归位	38	原地
9	头	19	手	29	面向	39	膝盖
10	切分音	20	逆时针	30	顺时针	40	左/右

（三）排舞动作术语

排舞动作术语如表 1-3-2 所示。

表 1-3-2　排舞动作术语

序号	动作术语	序号	动作术语	序号	动作术语	序号	动作术语
1	刷地	10	进	19	退	28	跟弹
2	击掌	11	拖步	20	轻弹小腿	29	顶髋
3	跟点	12	跟磨	21	跟拍	30	踢
4	抬/吸腿	13	停顿	22	勾提	31	点
5	提起	14	锁	23	弓步	32	抖肩
6	进/出	15	滚动	24	颤膝	33	重踏
7	滑冰步	16	滑步	25	分开	34	并脚
8	摇摆	17	扫腿	26	踢踏步		
9	转	18	扭转	27	交叉		

（四）排舞步法术语

排舞步法不仅展示了排舞的多样性和丰富性，还体现了其作为一项全球化健身运动的特点，这里做重点介绍，如表 1-3-3、表 1-3-4 所示。

表 1-3-3　排舞步法术语一

<table>
<tr><th>序号</th><th>步法术语</th><th>节拍</th><th>基本类型</th><th>步法描述</th></tr>
<tr><td rowspan="3">1</td><td rowspan="3">跳</td><td rowspan="2">1</td><td>双脚跳</td><td>双脚同时起跳，双脚落地</td></tr>
<tr><td>爵士跳</td><td>单脚起跳，双脚落地</td></tr>
<tr><td>12</td><td>开合跳</td><td>1. 双脚起跳，分开落地
2. 双脚起跳，并脚落地</td></tr>
<tr><td rowspan="4">2</td><td rowspan="4">扇形步</td><td rowspan="4">12</td><td rowspan="2">脚尖扇形步</td><td>1. 单脚尖向外（向内）平展
2. 脚尖还原</td></tr>
<tr><td>1. 双脚尖向外（向内）平展
2. 脚尖还原</td></tr>
<tr><td rowspan="2">脚跟扇形步</td><td>1. 单脚跟向外（向内）平展
2. 脚跟还原</td></tr>
<tr><td>1. 双脚跟向外（向内）平展
2. 脚跟还原</td></tr>
</table>

续表

序号	步法术语	节拍	基本类型	步法描述
3	旋步	12	左/右旋步	1. 左脚跟、右脚尖同时向左转动 2. 左脚尖、右脚跟同时向右转动
			跟旋步	1. 双脚跟一起向左(右)转动 2. 双脚跟复位
			尖旋步	1. 双脚尖一起向左(右)转动 2. 双脚尖复位
4	苹果杰克步	1& 2&	苹果杰克	1. 右脚尖向右,同时左脚跟向左 & 还原 2. 左脚尖向左,同时右脚跟向右 & 还原
5	恰恰步	1&2	左/右恰恰	1. 右脚向右一步 & 左脚并步 2. 右脚向右一步
			进恰恰	1. 右脚进 & 左脚并右脚　2. 右脚进
			退恰恰	1. 右脚退 & 左脚并右脚　2. 右脚退
			锁恰恰	1. 右脚进 & 左脚锁在右脚后　2. 右脚进
6	锁步	1&	前锁步	1. 右脚进 & 左脚锁在右脚后
			后锁步	1. 右脚退 & 左脚锁在右脚前
7	桃乐茜步	12&	左/右桃乐茜步	1. 右脚右斜角进 2. 左脚锁在右脚后 & 右脚右斜角进
8	骆驼步	1~4	骆驼步	1. 右脚进　2. 左脚锁在右脚后 3. 右脚进　4. 左脚锁在右脚后
9	摇摆	12	前摇摆	1. 右脚前进　2. 重心回左脚
			后摇摆	1. 右脚后退　2. 重心回左脚
			左/右摇摆	1. 右脚向右一步　2. 重心回左脚
10	摇椅步	1~4	左/右摇椅步	1. 右脚前进　2. 重心回左脚 3. 右脚后踏　4. 重心回左脚
			反向摇椅步	1. 右脚后踏　2. 重心回左脚 3. 右脚前进　4. 重心回左脚
11	曼波步	1&2	前曼波	1. 右脚前进 & 重心回左脚 2. 右脚并步
			后曼波	1. 右脚后退 & 重心回左脚 2. 右脚并步
			左/右曼波	1. 右脚向右一步 & 重心回左脚 2. 右脚并步
			曼波交叉步	1. 右脚向右一步 & 重心回左脚 2. 右脚前交叉

续表

序号	步法术语	节拍	基本类型	步法描述
12	剪刀步	1&2	左/右剪刀步	1. 右脚向右一步 & 左脚并步 2. 右脚前交叉
13	海岸步	1&2	左/右海岸步	1. 右脚后退 & 左脚并步 2. 右脚前进
			反向海岸步	1. 右脚前进 & 左脚并步 2. 右脚后退
			海岸交叉步	1. 右脚后退 & 左脚并步 2. 右脚前交叉
14	抛锚步/支撑步	1&2	左/右 抛锚步/支撑步	1. 右脚至左脚跟后成三位脚,重心到右脚,左脚跟略离地 & 左脚原地踏,重心到左脚 2. 右脚原地踏
15	跟掌交叉步	1&2	左/右跟掌交叉步	1. 右脚跟侧点 & 右脚掌并于左脚旁 2. 左脚前交叉
16	踢换脚	1&2	踢换脚	1. 右脚踢 & 右脚还原 2. 左脚原地踏(点、侧点、前交叉等)
			踢侧开	1. 右脚踢 & 右脚向右一步 2. 左脚向左一步
17	开关步	1& 2&	脚尖开关步	1. 右脚尖前(侧)点地 & 右脚还原 2. 左脚尖前(侧)点地 & 左脚还原
			脚跟开关步	1. 右脚跟前(侧)点地 & 右脚还原 2. 左脚跟前(侧)点地 & 左脚还原
18	趾踵步	1& 2&	尖趾步	1. 右脚尖前点地 & 右脚跟踏下 2. 左脚尖前点地 & 左脚跟踏下
			跟趾步	1. 右脚跟前点地 & 右脚掌踏下 2. 左脚跟前点地 & 左脚掌踏下
19	夜总会二步	12&	左/右夜总会二步	1. 右脚向右大侧步 2. 左脚至右脚跟后成三位脚 & 右脚前交叉
20	桑巴步	1&2	左/右桑巴步	1. 右脚前交叉 & 左脚向左一步,重心在右脚 2. 右脚原地踏
			桑巴交叉步	1. 右脚前交叉 & 左脚向左一步 2. 右脚前交叉
			桑巴拂步	1. 右脚右踏 & 左脚后交叉 2. 右脚原地踏

续表

序号	步法术语	节拍	基本类型	步法描述
21	水手步	1&2	左/右水手步	1. 右脚后交叉 & 左脚左踏 2. 右脚右踏
			水手交叉步	1. 右脚后交叉 & 左脚左踏 2. 右脚前交叉
22	查尔斯顿步	1 ~ 4	查尔斯顿步	1. 右脚前踏　2. 左脚前点 3. 左脚后踏　4. 右脚后点
			查尔斯踢步	1. 右脚前踏　2. 左脚前踢 3. 左脚后踏　4. 右脚后点
23	反抑制步	1 ~ 3	左/右反抑制步	1. 左脚右前踏　2. 重心回右脚　3. 左脚左踏
24	杂耍步	1& 2&	左/右杂耍步	1. 左脚右前踏 & 右脚右踏 2. 左脚跟左前点 & 左脚并右脚
25	闪烁步	1 ~ 3	左/右闪烁步	1. 右脚前交叉　2. 左脚向左一步 3. 右脚并左脚
26	纺织步	1 ~ 3	左/右纺织步	1. 右脚前交叉　2. 左脚向左一步 3 右脚后交叉
27	糖果步	1 ~ 3	左/右糖果步	1. 右脚尖点地,右膝关节内收 2. 右脚跟点地,右膝关节外展 3. 右脚前交叉
28	平衡步	1 ~ 3	左/右前进平衡步	1. 右脚进　2. 左脚并步　3. 右脚原地踏
			左/右后退平衡步	1. 右脚退　2. 左脚并步　3 右脚原地踏
29	爵士盒步	1 ~ 4	左/右爵士盒步	1. 右脚前交叉　2. 左脚退　3. 右脚右踏 4. 左脚前交叉(并步、侧点等)
30	藤步	1 ~ 4	左/右藤步	1. 右脚右踏　2. 左脚后交叉　3. 右脚右踏 4. 左脚并(左脚前交叉、点、刷等)
31	伦巴盒步	1 ~ 8	左/右伦巴盒步	1. 右脚右踏　2. 左脚并步　3. 右脚进 4. 停顿　5. 左脚经右脚向左踏　6. 右脚并步 7. 左脚退　8. 停顿
32	兜风步	1 ~ 8	兜风步	1. 右脚向右一步　2. 左脚后交叉 3. 右转 1/4,右脚进　4. 左脚进 5. 右转 1/2,重心放右脚 6. 右转 1/4,左脚向左一步　7. 右脚后交叉 8. 左脚向左一步
33	花儿步	1 ~ 3	左/右花儿	1. 右脚向右一步　2. 左脚前交叉 3. 右脚向右一步

续表

序号	步法术语	节拍	基本类型	步法描述
34	三步一抬	1～4	右三步一抬	1. 右脚前交叉,脚跟着地　2. 左脚向旁一步,脚掌着地　3. 右脚前交叉　4. 左脚向后踢起
			左三步一抬	1. 左脚前交叉,脚跟着地　2. 右脚向旁一步,脚掌着地　3. 左脚前交叉　4. 右脚向后踢起
			前进三步一抬	1. 右脚前踏　2. 左脚前踏　3. 右脚前踏 4. 左脚向后踢起
			后退三步一抬	1. 左脚后踏　2. 右脚后踏　3. 左脚后踏 4. 右脚向后踢起
35	旁拐步	1～4	左/右旁拐步	1. 右脚旁勾踢腿　2. 右脚前踏　3. 左脚前踏 4. 右脚前踏

注：所有排舞脚步以右脚为例;& 表示动作连接或停顿。后表同。

表 1-3-4　排舞步法术语二

序号	步法术语	节拍	步法描述
1	秧歌步	1～4	1. 右脚前交叉　2. 左脚前交叉　3. 右脚右斜退步 4. 左脚左斜退步成十字
2	钻石步	12& 34& 56& 78&	1. 左脚左踏　2. 右转 1/8 右脚后踏 1:30& 左脚后踏 3. 右转 1/8 右脚右踏 3:00　4. 右转 1/8 左脚前踏 4:30& 右脚前踏 5. 右转 1/8 左脚左踏 6:00　6. 右转 1/8 右脚后踏 7:30& 左脚后踏 7. 右转 1/8 右脚右踏 9:00　8. 右转 1/8 左脚前踏 10:30& 右脚前踏
3	侧滑步	1&	1. 左脚跟向右旋转,同时右脚尖右侧点地 & 左脚尖向右旋转,同时吸右腿
4	侧踹(拉)	1&	1. 右脚向右踹出,同时左脚向左滑动 & 右脚收回吸腿,同时左脚回原位
5	太空步	&1&2 &3&4	& 左脚掌后踏地(重心在左脚) 1. 右脚向后滑步 & 左脚跟落地,同时右脚跟离地,重心移至右脚 2. 左脚向后滑动 & 右脚跟落地,同时左脚跟离地,重心移至左脚 3. 右脚向后滑步 & 左脚跟落地,同时右脚跟离地,重心移至右脚 4. 左脚向后滑动
6	蝴蝶步	&1&2 &3&4	& 两脚跟同时外旋 1. 右脚向前,同时两脚跟内旋 & 两脚跟同时外旋 2. 左脚向前,同时两脚跟内旋 & 两脚跟同时外旋 3. 左脚向后,同时两脚跟内旋 & 两脚跟同时外旋 4. 右脚向后,同时两脚跟内旋
7	飘步	&1&2	& 吸右腿,同时左脚向左滑步 1. 右脚原地落下,同时左脚掌向左后方滑动 & 吸左腿,同时右脚向右滑步 2. 左脚原地落下,同时右脚掌向右后方滑动

续表

序号	步法术语	节拍	步法描述
8	奔跑步	&1&2	& 吸右腿，同时左脚后滑 1. 右脚前落，同时左脚后滑 & 吸左腿，同时右脚后滑 2. 左脚前落，同时右脚后滑
9	搓步	1& 2&	1. 右脚向右后滑步，同时左脚向左前点地 & 左脚回原位右转 1/4，同时右脚向后抬 2. 左脚向后滑步，同时右脚经左脚内侧搓向斜前方，脚跟点地 & 右脚回原位左转 1/4，同时左脚向后抬
10	蛇步	1& 2&	1. 右脚跟向左前方擦地前进，脚尖翘起 & 左脚并于右脚后 2. 转动右脚尖向右前方，脚跟擦地前进 & 左脚并于右脚后
11	前卡/后卡	1&	前卡：1. 右脚向前滑步，同时左脚跟前点地 & 右脚回原位，同时吸左腿 后卡：1. 右脚向后一步，同时左脚跟向前滑出 & 左脚回原位，同时吸右腿
12	飞步	1 ~ 4	1. 右脚向右后方滑步，同时左脚跟向左前方滑动　2. 两脚并回原位 3. 左脚向左后方滑步，同时右脚跟向右前方滑动　4. 两脚并回原位
13	平移步	1 ~ 4	1. 两脚尖同时向右旋转　2. 两脚跟同时向右旋转 3. 两脚尖同时向右旋转　4. 两脚跟同时向右旋转
14	圆场步	12	（流动步伐）1. 右脚向前，从脚跟向脚掌滚动着地，同时左脚跟自然离地 2. 左脚向前，从脚跟向脚掌滚动着地，同时右脚跟自然离地
15	撩步	12	1. 右脚向右一步　2. 左脚抬撩腿
16	退踏步	1&2	1. 右脚后踏 & 左脚原地踏步　2. 右脚前踏
17	摇篮步	12	1. 右脚前交叉，重心向右移动，左脚外侧着地 2. 重心回左脚，右脚外侧着地
18	端腿转	1&2	1. 右脚向右一步 & 右脚内勾端腿，右旋转 360° 2. 右脚并在左脚旁
19	顿步	&1&2	& 右后抬腿　1. 右踏步 & 左后抬腿　2. 左踏步
20	后踢步	&1&2	& 右小腿后踢　1. 右脚屈膝踏步 & 左小腿后踢　2. 左脚屈膝踏步
21	颤步	12	1. 右脚颤膝踏步　2. 左脚颤膝踏步
22	踢毽步	12	1. 右脚开膝内踢　2. 右脚还原 （或 1. 右脚关膝外踢　2. 右脚还原）
23	踏脚步	&1&2	& 右腿提膝，两腿弯曲，重心下降 1. 右脚前踏，两脚跟抬起 & 左腿提膝，两腿弯曲，重心下降 2. 左脚前踏，两脚跟抬起
24	弦子步	1 ~ 4	1. 右脚右踏　2. 左脚前交叉　3. 右脚右踏 4. 左脚点（踮、靠、抬等）

续表

序号	步法术语	节拍	步法描述
25	拧碾步	1～4	1. 右脚跟前碾地，右脚尖右拧转，左脚前脚掌碾地，左脚跟抬起左拧 2. 右脚跟碾地，右脚尖左拧，左脚掌碾地，左脚跟右拧至全脚掌着地 3. 右脚后退碾地，右脚跟左拧，左脚跟碾地，左脚尖右拧 4. 左脚跟碾地，左脚尖左拧，右脚前脚掌碾地，右脚跟抬起右拧

注：所有排舞脚步以右脚为例。

三、排舞编排

（一）排舞的编排要素

1．动作（空间）

排舞编导需要根据音乐节奏和曲目风格，合理运用空间，设计出具有层次感和流动感的舞蹈动作；同时，要注意动作编排的协调性和一致性，确保整个队伍动作的流畅和自然。

2．节奏（时间）

节奏是排舞的灵魂。排舞编导需要根据曲目的节奏特点，合理安排舞蹈的起承转合，使舞蹈动作与音乐节奏相呼应；同时，要注意动作的快慢、停顿和幅度，确保舞蹈动作与音乐的和谐统一。

3．表情（感情）

排舞是一种情感表达的艺术形式。排舞编导需要通过舞蹈动作和表情来传达曲目的情感内涵。在编排舞蹈时，要注重情感的表现和传递，让观众能通过舞蹈感受到曲目的情感氛围。

4．队形（视觉效果）

队形是排舞的重要视觉元素之一，合理的队形变换，可以增强舞蹈的视觉效果。排舞编导需要根据曲目内容和舞蹈风格，设计出具有创意和美感的队形，让观众在视觉上得到满足。

5．曲目

选择适合的曲目是排舞编排的关键。排舞编导需要根据曲目的节奏、风格和情感内涵，设计出与之相匹配的舞蹈动作和表现形式；同时，要注意曲目的流行度和可接受度，确保舞蹈作品能够被观众接受和喜爱。

综上所述，排舞的编排要素包括动作、节奏、表情、队形和曲目等方面。排舞编导需要综合考虑这些要素，创作出具有独特魅力和表现力的排舞作品；同时，排舞编导还需要具备丰富的创作经验和艺术素养，以及对排舞运动的理解和热爱。

（二）排舞的编排要求

1. 舞蹈主题明确

排舞编排时，要明确舞蹈的主题，包括情感表达、情节内容等。围绕主题展开舞蹈的编排，可以使整个作品具有统一的思想和情感内涵。

2. 动作设计美观

排舞动作设计要符合舞蹈的美学原则，注重动作的线条美、造型美和流畅性，避免过于复杂或难度过高。

3. 节奏感强

排舞是一种集体舞蹈，因此需要选择具有明快节奏感的音乐。在编排音乐时，要注意节奏清晰、易于辨识，使参与者能够跟随音乐节奏进行舞蹈。

4. 队形变换有创意

排舞编排要注重队形的变换和创新。设计不同的队形图案和流动方式，可以增强舞蹈的视觉效果和艺术感染力。

5. 考虑参与者因素

排舞编排要充分考虑参与者的身体条件、技能水平和兴趣爱好等因素。根据参与者的实际情况，设计合适的舞蹈动作和难度，激发参与者的热情和积极性。

6. 注重安全

排舞编排要强调安全因素，合理安排舞蹈动作的幅度和难度，避免因过度追求效果而导致的意外伤害。

7. 创新与传承相结合

排舞编排要将创新与传承相结合。在保持传统排舞的精髓和特点的基础上，融入现代舞蹈元素和创意，使作品既有传统韵味又具有现代气息。

综上所述，排舞编排的要求包括舞蹈主题明确、动作设计美观、节奏感强、队形变换有创意、考虑参与者因素、注重安全，以及创新与传承相结合等方面。在编排过程中，只有综合考虑这些要求，才能创造出生动、优美的排舞作品。

（三）串烧曲目的编排

串烧曲目的编排，需要注意以下几个方面。

1. 曲目风格

可以选择相同风格或者不同风格的曲目进行串烧，但不论采用哪种方式，都需要保持整体风格的一致性。编排不同风格的曲目，需要特别注意过渡自然，避免有突兀的感觉。

2. 安排顺序

要根据节目的整体流程和情感变化，合理安排曲目的顺序。例如，开场曲目应具有热情和活力；中间曲目可以根据情感变化进行调整，营造起伏的氛围；结尾曲目则应具有高潮和感动，给观众留下深刻的印象。

3. 节奏协调

要确保不同曲目之间的节奏协调。在串烧中，尤其是在不同风格的曲目之间，特别需要注意节奏的衔接，避免出现不和谐的情况。

4. 舞台效果

要综合考虑整体的舞台效果。不同曲目需要不同的舞台效果来烘托表现力，要注意整台节目效果的完整性。

5. 技术难度

要合理安排舞蹈的难度和技巧。有些曲目可能更适合高难度的动作，而有些则可能更适合简单的舞蹈动作。在编排时，要根据参与者的能力和特点进行合理选择。

6. 时长控制

对于串烧曲目，时长是非常重要的考虑因素。每个曲目的时长都需要仔细安排，确保整体时长适中，既能充分展示各类曲目的特色，又不会让观众感到冗长或仓促。

7. 情感表达

每个曲目都应该有一个明确的情感主题，并通过舞蹈和音乐来表达这种情感，使观众能够感同身受。

8. 创新与突破

在编排串烧曲目时，可以考虑进行一些创新和突破。例如，可以将不同风格的舞蹈元素融合在一起，或者使用特殊的道具或布景来增强视觉效果。但这些创新和突破都需要基于对舞蹈和音乐的理解和尊重。

综上所述，串烧曲目的编排需要综合考虑多个方面，包括曲目风格、安排顺序、节奏协调、舞台效果、技术难度、时长控制、情感表达，以及创新与突破等。通过合理的编排，可以使串烧曲目更加生动、更有吸引力，给观众留下深刻的印象。

第四节 排舞训练与运动安全

一、排舞训练及身体素质练习

排舞运动是一项集体舞蹈，舞者只有具备全面的身体素质才能很好地完成各种技术动作并保持稳定。以下是排舞训练需具备的身体素质及练习方法。

（一）力量素质

力量素质是排舞运动中的基础素质之一，它能够保证舞者在运动中具有稳定性和动力。力量训练，如举重、俯卧撑等，可以增强肌肉力量和耐力。这里提供几种常见的力量素质提升的练习方法。

1. 俯卧撑

俯卧撑是一种常见的力量训练方法，可以锻炼胸肌、手臂和肩膀等部位的肌肉力量。开始训练时可以从低难度、少数量做起，之后逐渐增加数量和难度。

2. 仰卧起坐

仰卧起坐可以锻炼腹部肌肉的力量，同时也可以提高身体的稳定性。开始时也同样从少量、多次做起，之后逐渐增加数量和难度。

3. 深蹲

深蹲可以锻炼腿部肌肉的力量，同时也可以提高身体的平衡性。在练习时要注意正确的姿势和技巧，避免受伤。

（二）耐力素质

耐力素质是指舞者在运动中能够持续进行长时间舞蹈表演的能力。排舞需要舞者具备较好的耐力素质，以完成长时间的舞蹈表演。通过有氧运动训练，如长跑、跳绳等，可以提高舞者的心肺功能和耐力水平。这里提供几种常见的耐力素质提升的练习方法。

1. 长跑

长跑是一种常见的耐力训练方法，可以提高心肺功能和耐力水平。练习时要根据自己的身体状况和训练目标来制订合适的计划。

2. 间歇训练

间歇训练是指交替进行高强度训练和低强度训练，这种训练方式可以提高心肺功能和耐力水平。练习时要根据自己的身体状况和训练目标来制订合适的计划。

3. 舞蹈训练

通过长时间的舞蹈训练可以提高耐力素质，同时也可以提高技术水平和表现能力。练习时要根据自己的身体状况和训练目标来制订合适的计划。

（三）柔韧性素质

柔韧性素质是指舞者身体的柔韧度和灵活性。排舞需要舞者具备较好的柔韧性，以完成大幅度的动作和转体。有针对性的拉伸训练，可以提高身体的柔韧性，提升动作的幅度和流畅性。这里提供几种常见柔韧性素质提升的练习方法。

1. 拉伸运动

拉伸运动可以增强肌肉的弹性和灵活性，同时也可以预防运动损伤。练习时要根据自己的身体状况和训练目标来制订合适的计划。

2. 瑜伽

瑜伽是一种常见的柔韧性提升训练方法，可以帮助舞者更好地完成大幅度的动作和转体。练习时要根据自己的身体状况和训练目标来选择合适的瑜伽动作。

3. 舞蹈基本功训练

舞蹈基本功训练可以提高身体的柔韧性和灵活性，如压腿、下腰等动作。练习时要根据自己的身体状况和训练目标来制订合适的计划。

（四）协调性素质

协调性素质是指舞者在运动中能够随着音乐节奏和队友协调一致完成动作的能力。排舞需要舞者具备良好的协调性，与队友保持配合和交流。协调性训练，如跟随音乐节奏练习、与其他舞者配合练习等，可以提高舞者的协调性。这里提供几种常见的协调性素质提升的练习方法。

1. 节拍训练

节拍训练可以帮助舞者更好地掌握音乐节奏和舞蹈动作的协调性。练习时要听音乐节拍并跟随节奏进行练习。

2. 配合训练

与其他舞者进行配合训练可以提高协调性素质，同时也可以增强团队意识和合作能力。练习时要注重动作的协调性和一致性。

3. 多方位训练

多方位训练可以帮助舞者更好地掌握各种动作和方向的协调性，同时也可以提高反应能力。练习时要注重各个方向上的训练，包括前后左右跑位和旋转等。

（五）反应时素质

反应时素质是指舞者在面对突发情况时能够快速反应的能力。反应时素质可以通过以下练习方法得到提升。

（1）反应球训练：利用反应球进行快速接球、抛球等动作，以提高手眼协调能力和反应速度。

（2）突然停止/启动练习：在跳舞过程中突然停止或启动，以提高身体的快速反应能力。

（3）变向训练：进行快速变向、急停等动作，以提高身体对突发情况的应对能力。

（4）动态视力训练：观察快速移动的物体或进行目标追踪游戏，以提高动态视力与反应速度。

（六）灵敏性素质

灵敏性素质是指舞者在运动中快速、准确地改变身体姿势和方向的能力。灵敏性训练，如快速反应练习、变向练习等，可以提高舞者的灵敏性，使动作更加灵活多变。

综上所述，力量、耐力、柔韧性、协调性、反应时和灵敏性等身体素质对于排舞运动至关重要。科学合理的训练和持之以恒的练习，可以提高排舞技术水平和预防运动损伤。同时，要注意合理安排训练负荷和休息时间，避免过度训练导致受伤。

二、排舞运动安全

排舞作为一种集体舞蹈形式，其安全与评估是非常重要的。以下是对排舞运动安全的介绍，主要包含场地设施、参与者身体状况、运动负荷、热身与拉伸活动、运动装备、舞蹈动作难度、正确姿势与技巧等方面。

（一）重视场地设施

排舞需要在一个宽敞、平整的场地上进行，地面应该防滑，没有障碍物，以确保参与者的安全。此外，场地的照明和通风也要足够，以保证参与者能够清楚地看到周围环境，避免因视线不好而发生意外。

（二）了解参与者身体状况

在排舞活动中，组织者应该对参与者的身体状况有足够的了解，以便在发生意外情况时及时处理。在开始排舞活动前，应询问参与者身体是否有不适或伤病，并在活动前做好健康声明或签署相关责任书，这是确保排舞活动正常开展的重要环节。

（三）控制与调整运动负荷

排舞是一项有氧运动，需要控制运动负荷，避免过度运动。要根据参与者的身体状况和技能水平，合理安排运动时间和强度，适时调整运动负荷，以避免过度疲劳造成意外伤害，影响表演和比赛。

（四）重视热身与拉伸活动

在进行排舞表演和比赛前，应该进行充分的热身和拉伸活动，以减少肌肉拉伤的风险。热身和拉伸活动可以提高肌肉的弹性和柔韧性，使身体逐渐适应运动的节奏和强度。同时，热身和拉伸活动也可以预防运动中可能出现的身体伤害等。

（五）选择合适的运动装备

排舞需要合适的运动装备来保护身体。参与者应该选择合适的鞋子、服装和护具等装备，以保证身体的舒适和安全。特别是在做高难度动作时，要选择合适的护具来保护关节和肌肉等。

（六）评估舞蹈动作难度

排舞中有很多高难度的舞蹈动作，如大幅度的跳跃、快速旋转等。这些动作的难度较高，需要评估参与者的身体状况和技能水平，以确定是否适合进行这些动作。评估时要特别注意参与者有无骨裂、肌肉拉伤等潜在身体问题，避免过度运动造成伤害。

（七）掌握正确姿势与技巧

排舞需要正确的姿势和技巧才能完成。因此，参与者应该认真学习正确的姿势和技巧，并在练习中不断纠正自己的动作。教练或教师应该对参与者的姿势和技巧进行指导，确保他们能够正确掌握。

三、常见运动损伤的预防与处理

排舞运动虽然是一项强度相对较低的有氧运动，但由于其集体性、节奏性等特点，参与者仍有可能遭遇一些常见的运动损伤。了解并预防这些损伤，以及掌握正确的处理方法，对于保证排舞运动的正常进行和人员安全至关重要。以下是排舞运动中常见的运动损伤及相应的预防与处理方法。

（一）常见运动损伤

1. 肌肉拉伤

由于排舞中涉及大量腿部和躯干的拉伸动作，大腿后侧、腹肌和背肌等部位容易发生肌肉拉伤。

2. 关节扭伤

踝关节扭伤是排舞中常见的一种损伤，尤其在复杂的脚步动作中容易发生。

3. 韧带拉伤

腰部和膝关节周围韧带拉伤在排舞中也比较常见，通常是过度扭转或突然的体位改变造成的。

4. 皮肤擦伤

在练习过程中，摩擦或跌倒等会导致皮肤擦伤，这也是一种常见的损伤。

（二）预防措施

1. 充分热身

进行排舞活动前应充分热身，尤其要对即将进行的复杂动作所涉及的部位进行针对性热身。

2. 选择合适的场地

选择平整、无障碍物的场地跳排舞，避免因地面不平整而扭伤。

3. 穿着适当

穿着舒适、减震、支撑力好的运动鞋，可以减少脚踝和膝关节扭伤的风险。

4. 逐渐增加难度

练习时不要急于求成，应逐渐增加动作的难度，避免过度拉伸或扭伤。

5. 注意身体信号

练习过程中要注意身体的反应信号，如出现疼痛或不适，应及时停止并寻求专业治疗。

（三）处理方法

1. 遵守 R. I. C. E. 原则

如发生肌肉拉伤或关节扭伤等损伤，应遵守 R. I. C. E. 原则——休息（Rest）、冰敷（Ice）、压迫（Compression）、抬高（Elevation）。

2. 适度活动

在疼痛和肿胀减轻后，进行轻度活动以促进血液循环，恢复关节活动度。

3. 寻求专业医疗意见

如症状持续或加重，应及时寻求专业医疗意见，以便进行早期治疗和处理。

4. 预防再次受伤

针对受伤部位进行适当的力量和稳定性训练，预防再次受伤。

综上所述，通过采用一定的预防措施和处理方法，可以有效降低排舞运动中常见运动损伤的发生概率。舞者应当保持高度警惕，并在损伤发生时采取合适的处理措施，以确保健康与安全。同时，对于常见的运动损伤也应有一定的了解和认识，以便更好地进行预防和处理。

第五节 排舞表演与比赛

排舞作为一项集体舞蹈，不仅具有娱乐性，也有竞技性。排舞表演与比赛是排舞文化的重要组成部分，它们为排舞爱好者提供了一个展示和交流的平台。

一、排舞表演

（一）排舞表演概述

排舞作为一种集体舞蹈形式，不仅需要精湛的舞技和默契的团队配合，还需要在服装、舞台布置、灯光效果等方面进行精心设计和准备，特别是服装的选择和搭配，对于排舞表演效果有着至关重要的影响。

1. 排舞表演形式

排舞表演形式多样，包括单曲表演、串烧表演、故事化表演等。单曲表演即一个完整的舞蹈作品，要求演员在节奏、动作和队形等方面保持高度一致；串烧表演则是将多个不同风格的舞蹈片段串联在一起，展现出多元的舞蹈元素；故事化表演则是以情节为主线，通过舞蹈表现故事情节，具有很强的叙述性和视觉冲击力。

2. 音乐选择与配合

音乐是排舞表演的重要组成部分，选择合适的音乐对于营造氛围和展现舞蹈风格至关重要。在选择音乐时，需要考虑曲目的节奏感、旋律的律动性和情感的表达性，以确保舞蹈动作与音乐节奏的协调统一。同时，还需要对音乐进行剪辑和混音，以保证音乐与舞蹈的完美配合。

3. 舞蹈编排与创新

舞蹈编排是排舞表演的核心环节，需要根据曲目的风格和特点设计出适合的舞蹈动作和队形。编排过程要注重舞蹈的创新性，可以将不同风格的舞蹈元素融合在一起，或者加入一些特殊的舞蹈动作和技巧，以增强视觉冲击力。同时，还需要考虑舞蹈动作的连贯性和流畅性，以及队形的变换和统一。

4. 舞台布置与灯光效果

舞台布置和灯光效果是排舞表演的重要辅助手段，能够营造出不同的氛围和视觉效果。舞台布置需要考虑舞台的大小、布局和装饰，以呈现出适合舞蹈主题的场景。灯光效果则可以通过光线的明暗、色彩的搭配和投射方向的变化等手段，营造出特定的氛围和情感表达，增强视觉冲击力。

5. 服装设计及搭配

服装是排舞表演中不可或缺的一部分，对于塑造演员的形象和突出舞蹈风格至关重要。在设计服装时，需要考虑舞蹈的主题、风格和动作要求等因素，选择适合的服装材料、颜色和款式。同时，还需要注重服装的搭配，包括颜色搭配、款式搭配和饰品搭配等，以使整个舞蹈团队的服装协调统一。

6. 化妆技巧与造型

化妆技巧与造型是排舞表演中的细节之一，能够突出舞者的形象特点和增强视觉效果。要根据舞蹈主题和舞者的特点，选择适合的化妆技巧和造型方案。例如，可以使用特殊的眼妆、唇妆或面妆来突出舞者的表情和形象；可以通过发型设计和头饰搭配来增强视觉效果。

7. 排练与磨合

排练是排舞表演的重要环节，通过反复练习和磨合，使整个团队在动作、节奏和配合等方面达到高度一致。在排练过程中，需要注重细节和动作的标准性，同时提升团队之间的沟通和默契程度。通过不断的磨合和调整，最终呈现出完美的舞蹈作品。

8. 舞者的素质要求

作为排舞表演的主体，舞者需要具备较高的身体素质、技术水平和较好的艺术素养。首先，舞者需要具备较好的身体素质，包括柔韧性、协调性、力量和耐力等；其次，需要具有较高的舞蹈技术水平，包括动作的规范性、节奏感和配合能力等；最后，需要具备较好的艺术素养，包括对舞蹈艺术的热爱和理解能力等。

9. 现场表现力与互动

现场表现力与互动是排舞表演的重要组成部分，能够增加观众的参与感和演出效果。通过舞者的情感表达、面部表情和身体语言的展示，以及与观众的互动和呼应等方式，营造出热烈的现场氛围。同时，还可以通过特定的互动环节和效果设计来展示。

（二）排舞表演注意事项

排舞表演是展示排舞魅力的重要方式之一。无论是校园活动、社区活动还是商业活动，排舞表演都能吸引众多观众的目光。为了呈现一场精彩的表演，需要注意以下几个方面。

1. 选曲

选择一首动感十足、具有感染力的音乐是关键。选曲要考虑曲目的流行度、节奏特点，以及与表演主题的契合度。

2. 编排

根据音乐和团队的特点，设计独特的舞步和动作，增强整体效果。可尝试将各种风格融合，创造独特的舞蹈风格；同时，注意保持表演动作的连贯性和整体协调性。

3. 服装

选择与主题和音乐相匹配的服装，突出团队的特色；确保服装舒适且适合排舞的动作要求。

4. 舞台表现

培养良好的团队默契和合作精神，确保每个表演者都能准确完成动作；同时，注意表演者与观众的互动，用自信和热情感染观众。

5. 道具

根据表演主题，适当使用道具，如旗帜、彩带等，以增强视觉效果。

6. 练习

充分的练习是保证表演成功的关键。保持不间断的训练，可以提高团队的默契度和动作的准确性。

二、排舞比赛

排舞比赛是排舞爱好者展示技艺、切磋交流的重要平台。参加比赛不仅能让选手提升自己的技艺水平，还能培养团队精神和竞争意识。在参加排舞比赛时，需要注意以下几个方面。

1. 了解规则

在参加比赛前，选手应仔细阅读比赛规则，了解评分标准和技术要求，确保团队按照规则进行准备和比赛。

2. 选择曲目

选择适合团队风格的曲目，既要展现技巧，又要展现团队的整体协调性和艺术表现力。

3. 训练与磨合

加强训练，提高团队的默契度和动作的准确性。定期组织模拟比赛，模拟比赛的场景和气氛，可以帮助团队更好地适应比赛节奏。

4. 形象塑造

在比赛中，选手的形象塑造很重要。要注意服装的选择，以及选手的舞台表现力和自信心的塑造与培养。

5. 现场发挥

在比赛中，选手应保持冷静，不受外界干扰影响，专注于自己的表演。对于现场突发状况要灵活应对，展现出最佳状态。

6. 反馈与总结

比赛后及时总结经验教训，分析团队的优缺点，找出改进的方向。同时，与其他参赛队伍保持交流，分享经验与技巧，共同进步。

排舞表演与比赛，不仅可以展示个人的风采和团队的实力，还能促进排舞文化的传播和发展。参与者在参与过程中可以不断学习和进步，为推动排舞运动的发展贡献自己的力量。

小贴士

排舞比赛的项目分为单人项目、双人项目、集体项目、原创项目、开放组、国际健身排舞等。

第六节 排舞服装

一、排舞规则对服装的规定

排舞作为一项集体舞蹈运动，有着自己独特的规则和要求，其中服装规定是重要的一部分。排舞规则对服装的要求旨在确保参与者的安全和舞蹈的顺利进行，同时展现出整齐划一的视觉效果。排舞规则对服装的规定，主要包含以下几个方面。

1. 服装统一

为了呈现出整齐划一的视觉效果，排舞规则要求参与者穿着统一的服装。统一的服装有助于强化团队的整体性和协调性，使整个队伍在表演中更加和谐统一。在选择服装时，应尽量选择款式、颜色和图案统一的服装，以确保视觉效果的统一性。

2. 服装穿着舒适

排舞是一项需要不断运动和变换队形的舞蹈，因此服装的舒适度至关重要。排舞规则要求参与者穿着舒适、适合运动的服装，以确保在表演过程中能够自由地运动和展现技巧。过于紧身或限制运动的服装可能会影响表演效果和参与者的舒适度，因此应尽量避免。

3. 服装适合主题

不同的排舞风格和主题对服装也有着不同的要求。排舞规则要求参与者根据舞蹈的主题、风格和氛围选择适宜的服装，以确保与舞蹈内容的协调统一。例如，一些轻快的舞曲可能适合穿着颜色明亮和款式简洁的服装，而一些柔美的舞曲则适合穿着颜色柔和、款式丰富的服装。

4. 服装禁止过于暴露

为了维护参与者的尊严和保持舞蹈的礼仪，排舞规则禁止参与者穿着过于暴露的服装。过于暴露的服装可能会引起不适或产生不必要的误解，应避免穿着。参与者应选择合适的服装，以保持端正的体态和形象。

5. 服装禁止夹带危险物品

为了确保参与者和观众的安全，排舞规则禁止参与者在表演中使用任何危险品或尖锐物品。这包括但不限于刀具、剪刀、针等可能造成伤害的物品。参与者应避免携带任何可能造成危险的物品，以确保表演的安全进行。

综上所述，排舞规则对服装的规定旨在确保舞蹈的顺利进行、呈现整齐划一的视觉效果和维护参与者的安全与尊严。参与者应遵守这些规定，以确保排舞活动的顺利开展。

小贴士

排舞项目服装的长裙下摆不得超过踝关节；在恰恰和夜总会风格曲目中，男舞者必须戴牛仔帽，女舞者要穿靴子。

二、排舞的八大风格及服装特点

排舞作为一种多样化的舞蹈形式，拥有多种风格，每种风格都有其独特的服装要求。以下是排舞的八大风格及服装特点。

1. 古巴风格

服装特点：古巴风格的排舞服装通常采用色彩鲜艳的热带风情印花，如大花朵、水果图案等。款式多为短袖或无袖的上衣搭配短裙或短裤，展现出热带海滩的氛围。

材质：轻薄透气的面料，如棉、麻等，以体现热带气候场景。

2. 律动风格

服装特点：律动风格的排舞服装注重贴身设计，突出身体的线条美感。通常选择弹性好的面料，如紧身运动衣、瑜伽服等；颜色多以亮色或渐变色为主，展现出活力四溢的感觉。

材质：高弹性的面料，如莱卡、涤纶等，以适应大幅度动作的需要。

3. 街舞风格

服装特点：街舞风格的排舞服装偏向宽松和个性化，展现出自由不羁的姿态。上衣可以选择印花T恤、卫衣等；下装多为宽松的运动裤或牛仔裤，搭配运动鞋或板鞋；配饰如帽子、腰链等也常出现。

材质：多为舒适透气的面料，如棉、牛仔布等。

4. 升降起伏风格

服装特点：这种风格的排舞服装注重层次感和立体感。可以选择蓬松的裙子、宽松的裤子搭配束腰的设计，以展现出升降起伏的效果；颜色可以采用对比强烈的搭配，如黑与白、红与蓝等。

材质：轻盈的面料，如雪纺、纱质等，以增强层次感和流动感。

5. 平滑风格

服装特点：平滑风格的排舞服装注重流畅和简约。可以选择贴身的连衣裙或套装，颜色多为单一色调或相近色调的搭配，整体给人以平滑流畅的感觉。

材质：轻薄柔滑的面料，如丝绸等，以展现出平滑的质感。

6. 舞台风格

服装特点：舞台风格的排舞服装注重华丽和舞台效果。可以选择闪亮的装饰品、蓬松的裙摆、华丽的上衣等来增加舞台效果；颜色可以采用鲜艳的色彩或金属色系，以吸引观众的眼球。

材质：可以选择有光泽的面料，再配以亮片、珠片、金属丝等，以增强舞台效果。

7. 曳步舞风格

服装特点：曳步舞风格的排舞服装偏向休闲和舒适。可以选择宽松的 T 恤、运动裤或牛仔裤，搭配运动鞋或马丁靴；也可以添加一些亮眼的配饰，如彩色发带、腰链等，以增加动感。

材质：多为棉麻等舒适透气的面料。

8. 民族风格

服装特点：民族风格的排舞服装应根据不同民族文化的特点来搭配。例如，印度风格的排舞服装可以选择鲜艳的印花长裙、头巾和饰品；中国风格的排舞服装可以选择旗袍、唐装或汉服等传统服饰，展现出浓郁的民族风情。

材质：多为传统面料的搭配，如丝绸、棉、麻等。

综上所述，针对不同的排舞风格，选择适合的服装能够更好地展现出舞蹈的特色和美感。从色彩、款式到面料的选择都有其特定的考虑因素，以适应不同风格的动作和氛围。

三、排舞变换服装时应注意的问题

在串烧曲目变换服装时，为确保演出的顺利进行和效果的完美呈现，需要注意以下几个方面。

1. 时间安排

合理安排换装时间，确保在曲目变换过程中有足够的时间进行服装的更换。预留足够的时间可以避免匆忙换装导致失误，但也要注意时间不宜过长，以免影响整个节目的节奏和进程。

2. 空间布置

提前规划好换装的场地和布局，确保有足够的空间进行服装更换。合理利用舞台、后台等空间，避免拥挤和混乱；同时，确保换装区域与表演区域保持一定的距离，以免影响表演的效果和进程。

3. 道具准备

根据曲目的变换，准备好所需的道具和配饰。表演开始前提前将道具准备好并放在合适的位置，确保在需要的时候能够快速取用。对于一些大型道具，要确保其在搬运和使用过程中的安全性和稳定性。

4. 人员协调

确保参与换装的所有人员都明确了解自己的任务和职责。合理分工，明确责任，确保换装工作的顺利进行。同时，加强工作人员之间的沟通与配合，以提高工作效率和准确性。

5. 安全性

在换装过程中，要注意保证参与者的安全。特别是在使用一些高难度动作或危险道具时，要特别注意安全措施的落实。确保场地、设备、服装等的安全性和稳定性，避免发生意外事故。

6. 效果呈现

注重服装变换的效果呈现。从服装款式、颜色、图案等方面进行考虑，确保变换的服装与曲目的风格、氛围相符合。同时，要注意服装的搭配和整体效果的呈现，以达到最佳的视觉效果。

7. 节奏把握

在串烧曲目变换服装时，要注意节奏的把握。根据曲目的节奏和情感变化，合理安排服装变换的时机和速度。通过精准的节奏把握，将服装变换与音乐完美结合，提升节目的表现力和感染力。

综上所述，串烧曲目变换服装需要注意时间安排、空间布置、道具准备、人员协调、安全性、效果呈现和节奏把握等方面的问题。只有做好充分的准备和协调，才能确保串烧曲目变换服装的顺利进行，并呈现出最佳的演出效果。

小贴士

“打连厢”是一种传统民间舞蹈，又名“莲花落”“霸王鞭”，是我国许多民族都喜爱的传统舞蹈。

2016 年 1 月，“甪直连厢”被列为江苏省级非物质文化遗产代表性项目。甪直连厢风格轻快活泼，融入江南舞蹈风韵，与国家级非物质文化遗产“甪直水乡妇女服饰”巧妙糅合，多次荣获市级、省级、国家级荣誉。苏州城市学院多年来十分注重用非遗文化促进美育教学，在把握“校园大非遗”的融入途径的实践运用上积累了丰富的经验，将甪直连厢纳入高校教育体系框架，赋予非遗文化鲜活而持久的机制生命力，并创编了甪直连厢结合排舞的推广曲目《时代感》。这些活动的开展，是调整非遗传承人群年龄结构的有效尝试；是丰富和活跃校园文化生活，打造校本特色活动的创造性举措；是推动理论与实践、现代与传统深度融合的有益探索。

《时代感》视频

第七节　排舞套路练习

一、2023 年校园排舞大学组规定曲目《等你来》

（一）曲目简介

创编：黄晓虹

类型：舞台	风格：活力操
难度：初级	方向：1
前引：72	舞蹈：A:36　B:36　C:72　D:96
前奏：32	舞序：AABCDBC
音乐：《等你来》	作词：张利波

作曲：王滔

（二）排舞舞谱

《等你来》
完整视频

《等你来》
分解视频

1. A 组（36 拍）

1～8 拍：　摇摆，海岸步×2。

1～2 拍：　（1）右脚右踏，（2）重心回左脚。

3&4 拍：　（3）右脚后踏 & 左脚并右脚，（4）右脚前踏。

5～6 拍：　（5）左脚左踏，（6）重心回右脚。

7&8 拍：　（7）左脚后踏 & 右脚并左脚，（8）左脚前踏。

9～16 拍：摇椅步×2。

1～4 拍：　（1）右脚前踏，（2）重心回左脚，（3）右脚后踏，（4）重心回左脚。

5～8 拍：　（5）右脚前踏，（6）重心回左脚，（7）右脚后踏，（8）重心回左脚。

17～24 拍：（1/2 定轴转，恰恰步）×2。

1～2 拍：　（1）右脚前踏（2）左转 1/2 重心回左脚。

3&4 拍：　（3）右脚前踏 & 左脚并右脚，（4）右脚前踏。

5～6 拍：　（5）左脚前踏，（6）右转 1/2 重心回左脚。

7&8 拍：　（7）左脚前踏 & 右脚并左脚，（8）左脚前踏。

25～36 拍：顶胯，反抑制步，保持。

1～4 拍：　（1）右脚右踏同时向右顶胯，（2）还原，（3）向右顶胯，（4）还原。

5～8 拍：　（5）右脚前交叉，（6）重心回到左脚，（7）右脚右踏，（8）保持。

9～12 拍：（9）左脚前交叉，（10）重心回到右脚，（11）左脚左踏，（12）保持。

2. B 组（36 拍）

1～8 拍：　旁踏，并脚。

1～4 拍：　（1）右脚向右一大步，（2）～（4）保持。

5～8 拍：　（5）左脚并右脚，（6）～（8）保持。

9～16 拍：旁踏，并脚。

1 ~4 拍：（1）左脚向左一大步，（2）~（4）保持。

5 ~8 拍：（5）右脚并左脚，（6）~（8）保持。

17 ~24 拍：旁踏，换重心。

1 ~4 拍：（1）右脚右踏，（2）~（4）保持。

5 ~8 拍：（5）重心回到左脚，（6）~（8）保持。

25 ~32 拍：前踏，并脚，后退，并脚。

1 ~4 拍：（1）右脚前踏，（2）左脚并右脚，（3）~（4）保持。

5 ~8 拍：（5）右脚后退，（6）左脚并右脚，（7）~（8）保持。

33 ~36 拍：旁踏，保持。

1 ~4 拍：（1）右脚右踏，（2）~（4）保持。

3．C 组（72 拍）

1 ~8 拍：侧并步 ×4。

1 ~2 拍：（1）右脚右踏，（2）左脚在右脚旁点地。

3 ~4 拍：（3）左脚左踏，（4）右脚在左脚旁点地。

5 ~6 拍：（5）右脚右踏，（6）左脚在右脚旁点地。

7 ~8 拍：（7）左脚左踏，（8）右脚在左脚旁点地。

9 ~16 拍：查尔斯顿步 ×2，坐跨 ×4。

1 ~4 拍：（1）右转 1/8，右脚前踏，（2）左脚前点，（3）左脚后踏，（4）右脚后点。

5 ~8 拍：（5）左转 1/8，右脚右踏，同时向右坐跨，（6）~（8）向右坐跨三次。

17 ~24 拍：侧并步 ×4。

1 ~2 拍：（1）左脚左踏，（2）右脚在左脚旁点地。

3 ~4 拍：（3）右脚右踏，（4）左脚在右脚旁点地。

5 ~6 拍：（5）左脚左踏，（6）右脚在左脚旁点地。

7 ~8 拍：（7）右脚右踏，（8）左脚在右脚旁点地。

25～32 拍：查尔斯顿步×2，坐跨×4。

1～4 拍：（1）左转 1/8，左脚前踏，（2）右脚前点，（3）右脚后踏，（4）左脚后点。

5～8 拍：（5）右转 1/8，左脚左踏，同时向左坐跨，（6）～（8）向左坐跨三次。

33～40 拍：摇椅步×2。

1～4 拍：（1）右脚前踏，（2）重心回左脚，（3）右脚后踏，（4）重心回左脚。

5～8 拍：（5）右脚前踏，（6）重心回左脚，（7）右脚后踏，（8）重心回左脚。

41～48 拍：侧并步×2，藤转。

1～2 拍：（1）右脚右踏，（2）左脚在右脚旁点地。

3～4 拍：（3）左脚左踏，（4）右脚在左脚旁点地。

5～8 拍：（5）右转 1/4，右脚前踏，（6）右转 1/2，左脚后踏，（7）右转 1/4，右脚右踏，（8）左脚侧点。

49～56 拍：摇椅步×2。

1～4 拍：（1）左脚前踏，（2）重心回右脚，（3）左脚后踏，（4）重心回右脚。

5～8 拍：（5）左脚前踏，（6）重心回右脚，（7）左脚后踏，（8）重心回右脚。

57～64 拍：侧并步×2，藤转。

1～2 拍：（1）左脚左踏，（2）右脚在左脚旁点地。

3～4 拍：（3）右脚右踏，（4）左脚在右脚旁点地。

5～8 拍：（5）左转 1/4，左脚前踏，（6）左转 1/2，右脚后踏，（7）左转 1/4，左脚左踏，（8）右脚并左脚。

65～72 拍：旁踏，保持。

1～8 拍：（1）右脚旁踏，（2）～（8）保持。

4. D 组（96 拍）

1～8 拍：侧并步×4。

1～2 拍：（1）右脚右踏，（2）左脚在右脚旁点地。

3～4 拍：（3）左脚左踏，（4）右脚在左脚旁点地。

5～6 拍：（5）右脚右踏，（6）左脚在右脚旁点地。

7～8 拍：（7）左脚左踏，（8）右脚在左脚旁点地。

9～16 拍：骆驼步×2。

1～4 拍：（1）右转 1/4，右脚前踏，（2）左脚在右脚旁点地，（3）右脚前踏，（4）左脚在右脚旁点地。

5～8 拍：（5）左转 1/2，左脚前踏，（6）右脚在左脚旁点地，（7）左脚前踏，（8）右脚在左脚旁点地。

17～24 拍：前踏，并步，开关步。

1～4 拍：（1）右脚前踏，（2）左脚前踏，（3）右脚前踏，（4）左脚并右脚。

5～8 拍：（5）右脚侧点，（6）右脚还原，（7）左脚侧点，（8）右脚还原。

25～32 拍：开关步，后踏，并步。

1～4 拍：（1）右脚侧点，（2）右脚还原，（3）左脚侧点，（4）右脚还原。

5～8 拍：（5）右脚后踏，（6）左脚后踏，（7）右脚后踏，（8）左脚并右脚。

33～64 拍：重复 1～32 拍。

65～72 拍：后踢腿跑，原地跳。

1～2 拍：（1）右转 1/8，右脚前踏同时左脚后踢，（2）左脚前踏同时右脚后踢。

3～4 拍：（3）右脚前踏同时左脚后踢，（4）左脚前踏同时右脚后踢。

5～8 拍：双脚并跳 4 次。

73～80 拍：后踢腿跑，原地跳。

1～2 拍：（1）右转 1/4，右脚前踏同时左脚后踢，（2）左脚前踏同时右脚后踢。

3～4 拍：（3）右脚前踏同时左脚后踢，（4）左脚前踏同时右脚后踢。

5～8 拍：双脚并跳 4 次。

81～88 拍：后踢腿跑，原地跳。

1～2拍：（1）右转1/4，右脚前踏同时左脚后踢，（2）左脚前踏同时右脚后踢。

3～4拍：（3）右脚前踏同时左脚后踢，（4）左脚前踏同时右脚后踢。

5～8拍：双脚并跳4次。

89～96拍：后踢腿跑，原地跳。

1～2拍：（1）右转1/4，右脚前踏同时左脚后踢，（2）左脚前踏同时右脚后踢。

3～4拍：（3）右脚前踏同时左脚后踢，（4）左脚前踏同时右脚后踢。

5～8拍：双脚并跳4次。

二、2022年推广曲目《灯火里的中国》

（一）曲目简介

创编：李萍

类型：舞台　风格：现代抒情

难度：中级　方向：1

前奏：32　舞蹈：A:32　B:32

间奏：T1:4　T2:32　舞序：AAT1/BBT2/ABBBB

音乐：《灯火里的中国》　作词：田地

作曲：舒楠　演唱：王莉

（二）排舞舞谱

《灯火里的中国》完整视频

《灯火里的中国》分解视频

1. A组（32拍）

1～8拍：并步，查尔斯顿步。

1～4拍：左脚向左一步，右脚在左脚旁点地，右脚向右一步，左脚在右脚旁点地。

5～8拍：左转45°，左脚前踏（10:30），右脚前点地，右脚后退（4:30），左脚后点地。

9～16拍：纺织步，后滑步。

1 ~4 拍： 左脚前交叉，右脚旁踏，左脚后交叉，右脚并。

5 ~6 拍： 双脚原地跳、右脚原地踏同时左脚后滑（7:30）。

7 ~8 拍： 右脚并左脚，保持。

17 ~24 拍：剪刀步，摇摆。

1 ~4 拍： 左脚向左一步，右脚并，左脚前交叉，保持。

5 ~6 拍： 右脚向右大侧步。

7 ~8 拍： 右脚并左脚，保持。

25 ~32 拍：摇椅步，左转 360°。

1 ~4 拍： 左脚后踏，重心回右脚，左脚前踏，重心回右脚。

5 ~8 拍： 左脚左踏，右脚并同时左转 360°，左脚前踏，保持。

2. B 组（32 拍）

1 ~8 拍： 吸腿，保持，右转 360°。

1 ~4 拍： 左吸腿，左脚左踏，保持，左转 90°并腿。

5 ~8 拍： 右脚右踏同时左腿后抬，右转 360°，左脚斜前进一步（10:30），右脚并步。

9 ~16 拍： 水手步。

1 ~4 拍： 左脚后交叉，右脚右踏，左脚左踏，保持。

5 ~8 拍： 右脚后交叉，左脚左踏，右脚右踏，保持。

17 ~24 拍：秧歌步，扫腿。

1 ~4 拍： 左脚前交叉同时右扫腿，右脚前交叉，左脚左斜后踏（7:30），右脚斜后踏（4:30）。

5 ~8 拍： 左脚前踏同时右脚交叉点地翻身至背面（6:00），右脚原地踏，左脚侧点地，保持。

25 ~32 拍：摇摆步。

1 ~4 拍： 保持。

5 ~ 8 拍：　左转 90°，吸左腿同时右脚原地跳，左脚前踏（3:00），右脚前踏，保持。

3. 规定上肢动作

B 组 1 ~ 8 拍的 3、4 拍：左手起半个风火轮。

间奏可自行创编。

学习感悟

1. 通过排舞的学习，我们知道每一首舞曲都有独一无二的舞步，既展现了舞曲的风格，也体现出不同国家的风土人情与民俗文化。

2. 排舞对身体素质的要求特别高，在学习排舞的过程中应加强力量、耐力、反应时、柔韧性和协调性等素质的提升训练。

3. 排舞的表演形式多样，舞曲对舞步、服装和造型都有特殊的要求，我们在表演和比赛时都要特别注意。

思考题

1. 谈一谈排舞在我国的发展历程。
2. 排舞的动作术语、步法术语、方向术语有哪些？
3. 排舞具有哪八大风格？
4. 排舞中常见运动损伤的预防措施有哪些？
5. 排舞的编排要素主要包括哪几项？
6. 围绕排舞规则，对服装的要求主要包含哪些方面？

第二章 健美操运动

本章导读

随着时代的发展，人们的生活水平不断提高，追求形体美日益成为一种时尚，尤其是当代大学生，越来越关注个人的健康和形体美。健美操内容丰富、形式多样、热情奔放、节奏明快，给人以蓬勃向上、洒脱自由的积极力量，让运动者和观赏者都能感受到健与美结合的美妙境界。目前，健美操已被我国列入大学体育教学大纲，成为大学体育教学的主要内容，健美操正以其特有的魅力和强大的生命力成为人们喜闻乐见的健身运动项目。

学习目标

1. 了解健美操运动的发展概况，掌握健美操运动的概念、分类及功能。
2. 了解健美操的基本动作，掌握健美操基本动作的技术要点。
3. 掌握健美操的锻炼方法，熟悉健美操教学能力培养的途径。
4. 了解健美操动作创编能力培养的具体措施，掌握健美操动作的基本创编方法。

第一节 健美操简介

一、健美操的概念

健美操是在音乐伴奏下，以身体练习为手段，以有氧运动为基础，以增进健康、塑造形体为目的的一项体育运动。健美操源于传统的有氧健身运动，是有氧运动的一种。它通常采用徒手或轻器械进行练习，是在氧气供应充足的情况下，由人体有氧系统提供能量的一种运动形式，是一种持续一定时间的、中低强度的全身性运动，主要影响练习者的心肺功能。

二、健美操发展概况

（一）健美操在世界的发展

现代健美操起源于 1968 年，最早是美国太空总署医学博士库珀为宇航员设计的体能训练内容。他在专门为宇航员制订有氧体能练习计划的同时，还致力于有氧体操的研究，并发表了一系列有氧体操有利于大众的相关研究成果。他专门创编了一些动作，并选配了音乐和特殊器材，形成了一种新的运动方式——“Aerobics”。“Aerobics”引进中国时被翻译为“有氧运动”或“健美操”，库珀也被称为“健美操之父”。

健美操运动自 20 世纪 70 年代末、80 年代初兴起以来，以其强大的生命力迅速在全世界风靡，形成了世界范围内的“健美操热”。健美操不仅在美国、英国、法国等发达国家得到了发展，还在亚洲地区得到了飞速发展，中国、日本、韩国、新加坡、菲律宾等国家都建有许多健美操活动中心及健身俱乐部。

只有比赛才能使体育项目成为一项真正的运动项目，健美操也是如此。国际健美操联合会（IAF）在 1983 年举办了第一届国际健美操比赛，约有 100 多名运动员参加。另外，比较著名的健美操比赛还有由国际健美操冠军联合会（ANAC）每年举办一次的国际健美操冠军赛，国际体操联合会（FIG）从 1995 年开始举办的世界健美操锦标赛。这些比赛的项目均由男子单人操、女子单人操、混合双人操、三人操（性别任意搭配）

4 个项目组成。

2001 年，FIG 增加了六人操项目，并决定将世界健美操锦标赛改为每逢双数年举办一届，截至 2023 年，已成功举办了 17 届。2013 年，FIG 又将六人操改为五人操。四年一个奥运周期的规则修改是健美操发展的风向标，指引着健美操前进的方向，对健美操运动的发展起着至关重要的作用。

（二）健美操在中国的发展

现代健美操运动于 20 世纪 80 年代初传入我国。1984 年，北京体育学院成立了健美操研究组。1985 年，北京体育学院创编并推广的青年韵律操等六套健美操，在全国各大院校受到广大青年学生的喜爱。1986 年，北京体育学院编写的我国第一部健美操试用教材出版。此后，国内许多高等院校将健美操列入教学大纲，使健美操运动在高校得到广泛开展，由此扩大了健美操运动的社会影响力，并使这一新运动项目向全社会延伸与发展。1998 年 9 月，国家体育总局推出《健美操指导员专业技术等级实施办法（试行）》和第一套《全国健美操大众锻炼标准》。2004 年 1 月，开始执行第二套《全国健美操大众锻炼标准》。2009 年 8 月，推出第三套《全国健美操大众锻炼标准》。2011 年 5 月，推出《全国普及性健美操规定动作》。2012 年 4 月，推出《全国全民健身操等级推广规定动作》。

在我国健美操运动发展的同时，以竞技为主要目的的竞技健美操运动也在发展之中。1987 年，国家体委主办了全国首届“长城杯”健美操邀请赛。1995 年 12 月，我国首次派出 3 名运动员参加了由国际体操联合会在法国巴黎举办的首届世界健美操锦标赛。

第二节 健美操的分类及功能

一、健美操的分类

健美操运动从产生到发展仅有短短几十年的时间，随着技术的发展，健美操运动的理论也不断得到发展与完善。根据健美操运动的目的和任务，在国际上，健美操分为健身健美操和竞技健美操两大类，而在我国，健美操可分为健身健美操、竞技健美操和表演健美操三大类。

（一）健身健美操

健身健美操，通常称为大众健美操，是以公民健身、健美、健心为目的所创编的健美操，旨在锻炼身体、增强体质、促进健康，适合于不同年龄层次的练习者学习与锻炼。健身健美操动作简单有效，重复动作和对称性动作较多，音乐节奏感强，速度为每 10 秒 20 ~ 24 拍。练习时间、强度可根据个体情况及时变化，严格遵循“健康、安全”的原则，以防止运动损伤的出现，达到健身的目的。

（二）竞技健美操

竞技健美操是一项在音乐伴奏下，能够表现连续、复杂、高强度成套动作的运动项目。该项目起源于传统的有氧健身运动。成套动作必须通过连续的动作组合，展示运动员的柔韧性和力量，是七种基本步伐的多样性操化动作组合，结合难度动作，完美完成成套动作。

竞技健美操以竞技为目的，有严格的竞赛规则和评分方法，如对参赛人数、比赛场地、参赛服装和成套动作的时间等都有严格的规定。竞技健美操的主要目的是“竞赛、取胜”，因此在动作的设计上更加要求多样化和新颖性，避免重复动作和对称性动作。

竞技健美操比赛有男子单人操、女子单人操、混合双人操、三人操（性别任意搭配）、五人操（性别任意搭配）五个项目。

（三）表演健美操

除了健身健美操和竞技健美操外，在我国还有一种表演健美操，这是我国健美操运动发展过程中出现的 一种特殊形式，在国外是没有的。表演健美操的主要练习目的是“表演”，它是事先编排好的、专为表演而设计的成套健美操，时间一般为 2 ~5 分钟。表演健美操的动作较健身健美操复杂，音乐速度可快可慢；为保证表演效果，重复动作较少，也不一定是对称性的；参与人数不限，可在成套动作中加入队形变化和集体配合的动作；表演者可以利用轻器械，如花球、旗子等，还可采用一些风格化的舞蹈动作，如爵士舞等，以达到烘托气氛、感染观众、增强表演效果的目的。

二、健美操的功能

（一）增进健康，增强体质

我国第一位健美操博士、北京体育大学教授马鸿韬通过实验发现，经常进行健美操锻炼不仅可以增粗心肌纤维，增强心肌收缩力，增加心排血量，提高心脏供血能力，促进心血管系统机能的提高，而且可以使锻炼者的呼吸肌变得强壮有力，安静时呼吸加深、次数减少，运动时吸氧量增大，有效提高呼吸系统的机能水平。经常参加健美操锻炼，可以增强身体各关节的灵活性，对肌肉、骨骼、韧带均有良好的刺激，可提高人体运动系统的功能水平。另外，健美操锻炼还可加强肠胃蠕动功能，增强肠胃的消化机能，改善消化系统的机能。

（二）塑造形体，提高审美

体态主要是指人身体各部位所表现出的外形姿态，良好的姿态给人以美的享受；体形则是我们整个身体的外部形态，即身体各部位之间的比例以及各肌肉群曲线的大小。健美操锻炼能帮助练习者消耗体内多余的脂肪，维持人体吸收与消耗的平衡，有益于肌肉、骨骼、关节的匀称与和谐发展，有利于改善不良的身体姿态，形成优美的体形，从而表现出一种良好的气质与修养，给人以朝气蓬勃、健康向上的感受。

（三）缓解压力，娱乐身心

随着时代的发展和社会的进步，人们在享受科学文明的同时，也感受到了社会竞争所带来的压力。健美操锻炼是在音乐伴奏下进行的，锻炼者在旋律优美的音乐伴奏下完成自己喜欢的动作，有助于排解紧张和烦恼，享受运动带来的欢乐，使身心得到全面调节，精神面貌和气质修养得以改善。另外，健美操锻炼还增进了人们的社会交往。人们在参加健美操锻炼的同时可接触和认识更多的人，扩大自己的社会交往范围，提升与他人沟通和相处的能力。因此，健美操锻炼不仅能强身健体，还具有娱乐功能，可使人们在锻炼中得到一种精神享受，满足人们的心理需要。

（四）预防损伤，医疗保健

健美操作为一项有氧运动，其特点是强度低、动作密度大，运动量可大可小，容易控制，因此，除对正常人具有良好的健身效果外，对一些疾病患者、残障人士和老年人也是一种医疗保健的有效手段。健美操练习者只要控制好运动范围和运动量，就能在预防损伤的基础上达到医疗保健的目的。

小贴士

健美操比赛的服装要求非常严格，主要是为了展示运动员的体态美，以及确保动作的流畅和准确。

健美操与音乐的结合是其魅力所在，音乐的选择应与动作相协调，并能够突出健美操的特点和风格。

第三节 健美操基本动作

健美操基本动作是健美操运动的基础和核心，各种健美操组合与成套动作都是在基本动作的基础上变化和发展的，并根据不同的任务和目的，创编出不同风格、不同强度的组合动作和成套动作。因此，学习并掌握正确的健美操基本动作，有助于建立正确的健美操技术动作概念，培养动作的协调性和健美操专项意识，能更有效地优化身体姿态，使锻炼的效果更加显著。

健美操基本动作包括上肢动作、躯干动作和下肢动作。

一、健美操上肢动作

上肢动作主要包括手型和手臂动作。

（一）手型

手型的变化不仅可以使手臂的动作更加丰富多彩、生动活泼，表现出美感，而且有助于加强动作的力度感。常用的手型如图 2-3-1 所示。

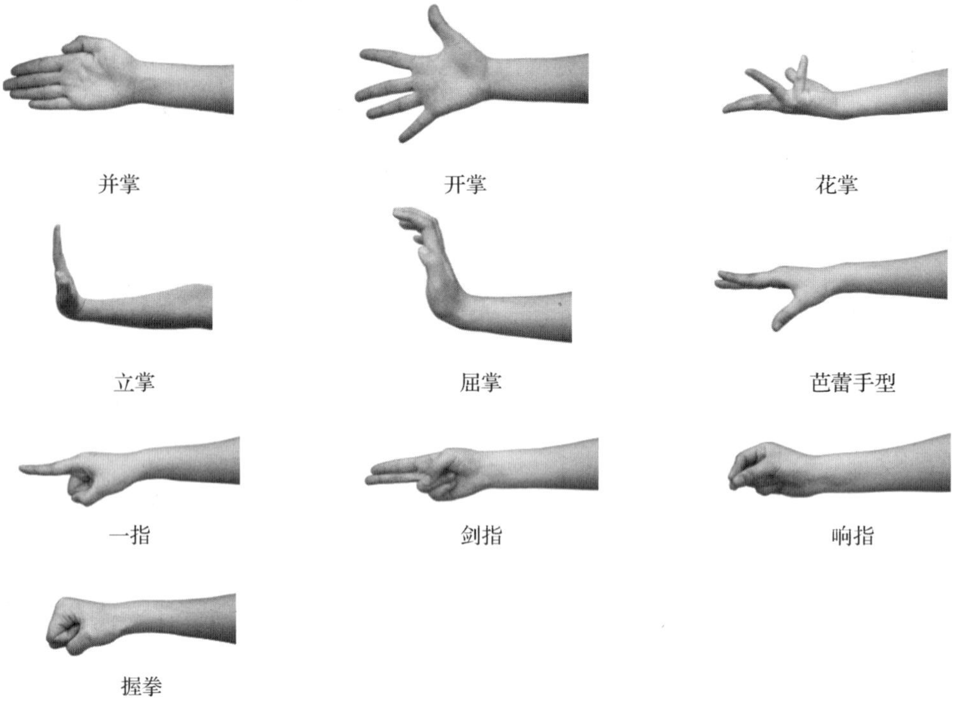

图 2-3-1　手型

并掌：五指伸直并拢，大拇指微屈。

开掌：五指用力伸直张开。

花掌：又称西班牙舞手型。五指用力张开，小指和无名指稍内旋，形成一个扇面。

立掌：五指伸直并拢，手掌用力上翘。

屈掌：五指自然弯曲张开，手掌用力上翘。

芭蕾手型：手指并拢，拇指与食指相对，并稍向里扣，手指自然放松、伸展。

一指：拇指与中指、无名指、小指相叠，食指伸直。

剑指：拇指与无名指、小手指相叠，中指、食指并拢伸直。

响指：无名指与小指屈握，拇指与中指、食指摩擦后，中指击打大鱼际处产生响声。

握拳：大拇指在外，拇指关节扣在食指与中指的第二关节处。

（二）手臂动作

手臂动作是健美操上肢动作的重要组成部分，它与健美操的基本步法组合后共同构成了丰富多彩的健美操动作内容。

1．举

以肩关节为轴，臂伸直向某方向抬起。臂的活动范围不超过 180°，并停止在某一部位。

要点：动作到位，线路清晰，有力度感。

动作变化形式：直臂向不同方向举。

两臂上举（图 2-3-2）：两臂伸直经前向上举起，两手同肩宽，彼此平行，掌心相对。

两臂下举（图 2-3-3）：两臂置于身体两侧，向下伸举。

两臂前举（图 2-3-4）：两臂伸直经前举起，与肩同高，两手同肩宽，彼此平行，掌心相对。

图 2-3-2　两臂上举

图 2-3-3　两臂下举

图 2-3-4　两臂前举

两臂前下举（图 2-3-5）：两臂伸直经前至前下方举起，与前举成 45°，两手同肩宽，掌心相对。

两臂前上举（图 2-3-6）：两臂伸直经前至前上方举起，位于上举与前举之间 45°的方向，两手同肩宽，掌心相对。

两臂侧举（图 2-3-7）：两臂伸直向侧举起，与肩同高，掌心向下。

图 2-3-5　两臂前下举

图 2-3-6　两臂前上举

图 2-3-7　两臂侧举

两臂侧上举（图 2-3-8）：两臂伸直经侧至侧上方举起，位于上举与侧举之间 45°的方向，掌心相对。

两臂侧下举（图 2-3-9）：两臂伸直经侧至侧下方举起，与侧举成 45°，掌心向下。

两臂斜后举（图 2-3-10）：两臂伸直向后举起至极限，两手同肩宽，彼此平行，掌心相对。

图 2-3-8　两臂侧上举

图 2-3-9　两臂侧下举

图 2-3-10　两臂斜后举

2. 屈、伸

上臂固定，以肘关节为轴，肘关节由弯曲到伸直或由伸直到弯曲。

要点：肩关节自然下沉，肘关节有弹性地伸直。

动作变化形式：胸前屈、胸前上屈、胸前平屈、肩侧屈、肩侧上屈、肩侧下屈。

两臂胸前屈（图 2-3-11）：两臂前屈，与肩同宽，小臂向内与上臂成 45°。

两臂胸前上屈（图 2-3-12）：两臂前屈，与肩同宽，肘与肩平，小臂向上与上臂成 90°。

两臂胸前平屈（图2-3-13）：两臂屈肘，肘与肩平，两小臂胸前约成一横线。

图2-3-11　两臂胸前屈

图2-3-12　两臂胸前上屈

图2-3-13　两臂胸前平屈

两臂肩侧屈（手指触肩）（图2-3-14）：两臂侧屈，肘基本与肩平，小臂向内与上臂成45°，手指触肩。

两臂肩侧上屈（图2-3-15）：两臂侧屈，肘与肩平，小臂向上与上臂成90°。

两臂肩侧下屈（图2-3-16）：两臂侧屈，肘与肩平，小臂向下与上臂成90°。

图2-3-14　两臂肩侧屈

图2-3-15　两臂肩侧上屈

图2-3-16　两臂肩侧下屈

3．摆动

两手握拳，屈肘前后摆动。

要点：屈肘角度不宜过大或过小，大约60°。

动作变化形式：可同时摆动，也可依次摆动。

4．绕、绕环

两臂或单臂以肩为轴做弧线运动；上臂固定，前臂以肘关节为轴做弧线运动。

要点：线路清晰，开始和结束动作位置明确。

动作变化形式：两臂或单臂向内、外、前、后绕或绕环。

二、健美操躯干动作

在健美操运动中躯干主要起连接、保护和固定作用。躯干部位的练习通常是为了发展和平衡躯干前后肌肉而设计的。在躯干中部，脊柱和腰腹部周围的肌肉、软组织连接并支撑身体的上下部分。有些人由于前后肌肉发展不平衡、力量不足，容易造成损伤，形成不良姿态。因此，在健美操练习中，发展腰腹部肌肉力量非常重要。健美操躯干动作主要包括头颈部、胸部、肩部、腰腹部的动作。

（一）头颈部动作

1. 屈

前屈（图 2-3-17）：头向前下运动（低头）。

后屈（图 2-3-18）：头向后运动（仰头）。

侧屈（图 2-3-19、图 2-3-20）：头向左侧或向右侧倾斜。

图 2-3-17　前屈

图 2-3-18　后屈

图 2-3-19　左侧屈

图 2-3-20　右侧屈

2. 转

转头（图 2-3-21、图 2-3-22）：以颈部为轴，头向左或向右转。

图 2-3-21　左转

图 2-3-22　右转

3. 绕

头以颈部为轴心做弧形运动，包括左绕、右绕。

（二）胸部动作

含胸（图 2-3-23）：收肩（合肩）低头。

挺胸（图 2-3-24）：展肩（开肩）抬头。

扩胸（图 2-3-25）：两臂向后运动。

图 2-3-23　含胸

图 2-3-24　挺胸

图 2-3-25　扩胸

左右移胸（图 2-3-26、图 2-3-27）：两手叉腰，胸部左右水平移动。

图 2-3-26 左移胸

图 2-3-27 右移胸

（三）肩部动作

提肩（图 2-3-28）：肩胛骨做向上的运动。

沉肩（图 2-3-29）：肩胛骨做向下的运动。

图 2-3-28 右肩上提

图 2-3-29 右肩下沉

绕肩：以肩关节为轴做大于 180°但小于 360°的弧形动作。

肩绕环：以肩关节为轴做 360°或 360°以上的圆形动作。

（四）腰腹部动作

腰腹部肌肉主要有腹直肌、腹内外斜肌、腹横肌和竖脊肌。腰腹肌肉收缩，可使脊柱前屈、侧屈或扭转，使骨盆前倾或后倾，使胸廓向对角线方向屈。

腰屈：髋部不动，上体前屈或侧屈，如图 2-3-30、图 2-3-31 所示。

图 2-3-30　上体前屈

图 2-3-31　上体左侧屈

屈髋：上肢不动，髋前屈或侧屈。

转腰：下肢不动，上体沿垂直轴扭转。

腰绕环：以髋为轴，上体前俯、向左、向后、向右翻转绕动。

三、健美操下肢动作

下肢动作主要是步法，步法是特定节奏下的脚步运动方法。下面介绍健美操中的一些基本步法。

1. 踏步

如图 2-3-32 所示，两腿原地交替抬起和落地。

踏步

图 2-3-32　踏步

2. 走步

如图 2-3-33 所示，两腿依次向前走或向后走。

走步

图 2-3-33　走步

3. 一字步

如图 2-3-34 所示，两腿依次向前迈步并拢，依次退回，两脚运动轨迹成一字形。

一字步

图 2-3-34　一字步

4. V 字步

如图 2-3-35 所示，两腿依次向侧前方迈步，依次退回，运动轨迹成 V 字形。

V 字步

图 2-3-35　V 字步

5. A 字步

如图 2-3-36 所示，两腿依次向侧后方迈步，依次还原，运动轨迹成 A 字形。

A 字步

图 2-3-36　A 字步

6. 十字步

如图 2-3-37 所示，两腿依次迈步、交叉，运动轨迹成十字形。

十字步

图 2-3-37　十字步

7. 曼波步

如图 2-3-38 所示，一腿迈步，另一腿原地踏步。

曼波步

图 2-3-38　曼波步

8. 迈步点地

如图 2-3-39 所示，一腿站立，另一腿脚尖或脚跟触地。

脚尖前点　　脚尖侧点　　脚跟前点

图 2-3-39　点地

迈步点地

9. 并步

如图 2-3-40 所示，一腿向侧迈步，另一腿前脚掌点地并拢。

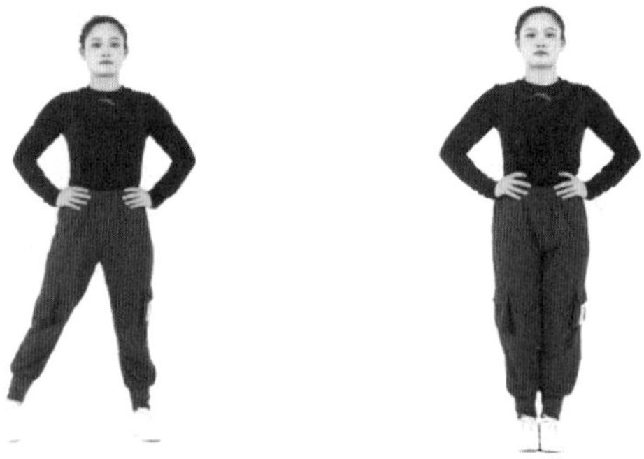

图 2-3-40　并步

并步

10. 交叉步

如图 2-3-41 所示，一腿向侧迈步，另一腿向后交叉，再向侧迈步，并步。

图 2-3-41　交叉步

交叉步

11．迈步后屈腿

如图 2-3-42 所示，主力腿稍屈膝，另一腿向后屈膝。

迈步后屈腿

图 2-3-42　迈步后屈腿

12．弓步

如图 2-3-43 所示，一腿向前（侧、后）迈步屈膝，另一腿伸直。

前弓步　　侧弓步

图 2-3-43　弓步

13．迈步吸腿

如图 2-3-44 所示，一腿站立，另一腿屈膝向上抬起。

迈步吸腿

图 2-3-44　吸腿

14. 踢腿

如图 2-3-45 所示，一腿站立，另一腿直膝加速上踢。

图 2-3-45　踢腿

15. 弹踢腿

如图 2-3-46 所示，一腿站立，另一腿先屈膝，然后向前下方弹直。

图 2-3-46　弹踢腿

16. 小马跳

如图 2-3-47 所示，一腿向侧跳，另一腿紧随其旁小垫步跳。

小马跳

图 2-3-47　小马跳

17．后踢腿跑

如图 2-3-48 所示，支撑腿前脚掌着地，摆动腿最大限度地向后屈于臀部。

后踢腿跑

图 2-3-48　后踢腿跑

18．开合跳

如图 2-3-49 所示，两腿跳起成分腿落地，再分腿跳起后并腿落地。

开合跳

图 2-3-49　开合跳

19．弓步跳

如图 2-3-50 所示，两腿跳成弓步落下。

弓步跳

图 2-3-50　弓步跳

20. 吸腿跳

如图 2-3-51 所示，主力腿小跳，另一腿屈膝抬起。

吸腿跳

图 2-3-51　弹腿跳

21. 弹踢腿跳

如图 2-3-52 所示，主力腿小跳，另一腿屈膝向前、侧、后下方弹踢。

弹踢腿跳

图 2-3-52　弹踢腿跳

22. 踢腿跳

如图 2-3-53 所示，主力腿小跳，另一腿由低向高做加速有力的摆动。

踢腿跳

图 2-3-53　踢腿跳

23．摆腿跳

如图 2-3-54 所示，主力腿小跳，另一腿由低到高做匀速摆动。

图 **2-3-54**　摆腿跳

24．膝弹动

如图 2-3-55 所示，膝关节有弹性地屈伸。

图 **2-3-55**　膝弹动

25．半蹲

如图 2-3-56 所示，两腿分开或并拢，屈膝。

图 **2-3-56**　半蹲

26. 移重心

如图 2-3-57 所示，一脚向侧迈一步，经过屈膝将重心移至一脚，一脚支撑，另一脚侧点地。

图 2-3-57　移重心

小贴士

健美操的基本训练包括身体姿势、动作规范性、节奏感等内容，需要长期坚持，不断提高自身的柔韧性、力量、协调性、耐力等身体素质，以保证动作的准确性和规范性。

第四节　健美操形体练习（塑形）

一、手臂塑形

1. 组合一

（1）侧举转臂：两臂侧举，开掌，同时前后转臂。

（2）上下振臂：两臂侧举，以肩关节为轴，同时上下振臂，并掌。

（3）直臂划圈：两臂侧举，以肩关节为轴，同时划圈，并掌。

（4）同侧屈臂：两臂同时肩侧上屈、肩侧下屈，开掌。

（5）直角开合：两臂同时由胸前上屈至肩侧上屈，开掌。

（6）平行交叉：两臂前举，双臂依次上下交叉，并掌。

（7）屈臂伸展：两臂同时由胸前平屈至侧举，并掌。

手臂塑形组合一

（8）颈后屈伸：两臂同时大臂贴耳，小臂后屈，双手食指交叉。

练习方法：每个动作练习 20 秒，中间休息 10 秒。

2. 组合二

手臂塑形组合二

（1）推肩上举：两臂由肩侧上屈同时向上推举至上举，握拳。

（2）异侧屈臂：两臂交替肩侧上屈、肩侧下屈，开掌。

（3）开合推肩：两臂由胸前上屈同时向外拉开至肩侧上屈再至上举，握拳。

（4）两侧平举：两臂侧举至下举，握拳。

（5）俯身屈臂：身体俯身前倾，腰背挺直，两臂斜后举时小臂前屈，握拳。

（6）俯撑摸肩：俯身双手撑地，左右手交替摸异侧肩。

（7）俯撑抬臂：俯身双手撑地，左右手臂交替向上抬。

（8）跪姿俯撑：跪撑，膝关节着地，小腿向后上方交叉，俯卧撑。

练习方法：每个动作练习 20 秒，中间休息 10 秒。

二、腹部（马甲线）塑形

1. 组合一

腹部塑形组合一

（1）提膝击掌：站姿，两臂侧举，提膝同时双手膝下击掌。

（2）手肘碰膝：站姿，双手轻放于后脑勺，腹部收紧，侧提膝，手肘轻碰同侧膝盖。

（3）对侧卷腹：站姿，右肘碰左膝，左肘碰右膝。

（4）收腹直抬腿：站姿，两臂上举，一腿向前方水平抬起，同时上身向前弯曲，双手触碰脚。

（5）俯身触脚：站姿，双脚开立，两臂侧举，依次俯身触摸异侧脚背。

（6）握拳转体：站姿，两臂前举，双手食指交叉握拳，分别向左、右依次转体。

（7）半蹲转体：半蹲，双手轻放于后脑勺，腹部收紧，腰背挺直，左右转体。

（8）腰腹拉伸：站姿，两臂上举，收腹挺腰，依次向左、右拉伸身体。

练习方法：每个动作练习 20 秒，中间休息 10 秒。

2. 组合二

腹部塑形组合二

（1）仰卧卷腹：仰卧，双腿弯曲，双脚踩地，双手轻放于后脑勺，上身向上微抬。

（2）仰卧踩车：仰卧，两臂平放于体侧，双腿踩车。

（3）仰卧举腿：仰卧，两臂平放于体侧，双腿并拢伸直，同时上抬至与上体成 90°。

（4）仰卧两头起：仰卧，双腿并拢伸直，两臂上举，上下肢同时上抬。

（5）仰卧屈膝点地：仰卧，两臂平放于体侧，双腿并拢屈膝，同时上抬再落下至脚点地。

（6）仰卧剪刀腿：仰卧，两臂平放于体侧，双腿伸直抬高。

（7）俯撑登山：俯撑，左右腿依次向前迈膝盖靠近同侧手肘方向。

（8）平板支撑：屈臂俯撑，身体呈一斜面。

练习方法：每个动作练习 20 秒，中间休息 10 秒。

三、臀部（蜜桃臀）塑形

1．组合一

臀部塑形组合一

（1）俯身侧点地：站姿，腰背挺直，上身向前微倾，脚尖向侧点地。

（2）俯身后点地：站姿，腰背挺直，上身向前微倾，脚尖向后点地。

（3）提膝展髋：站姿，前提膝向侧展髋至侧提膝。

（4）站姿侧踢腿：站姿，双手叉腰，一腿向侧踢。

（5）箭步蹲：站姿，一腿后撤步，同时上身挺直垂直下蹲，下蹲时膝关节不超过脚尖。

（6）深蹲：站姿，双腿开立与肩同宽，脚尖向外，下蹲时膝盖不超过脚尖，腰背挺直。

（7）深蹲侧踢：站姿，深蹲起来的同时一腿侧踢。

（8）深蹲前踢：站姿，深蹲起来的同时一腿侧踢，异侧手触碰脚。

练习方法：每个动作练习 20 秒，中间休息 10 秒。

2. 组合二

臀部塑形组合二

（1）跪撑后抬腿：跪撑，腿弯曲向后上方抬起。

（2）跪撑侧抬腿：跪撑，腿弯曲向侧上方抬起。

（3）臀桥：仰卧成臀桥，双手放于体侧，臀部收紧向上抬至最高点，还原。

（4）俯卧抬腿：俯卧，双腿伸直，依次向上抬起。

（5）俯撑后抬腿：俯撑，腿伸直向后上方抬起。

（6）侧卧抬腿：侧卧，双腿伸直，一腿向上抬起。

（7）单腿臀桥：仰卧成臀桥，双手放于体侧，一腿保持上抬，臀部收紧向上抬至最高点，还原。

（8）臀部拉伸：成鸽子式，上身俯卧，两臂向前伸展。

练习方法：每个动作练习 20 秒，中间休息 10 秒。

四、腿部塑形

1. 组合一

腿部塑形组合一

（1）原地提踵立：站姿，双手叉腰，脚跟抬起，落下。

（2）原地前吸腿：站姿，双手叉腰，两腿交替前吸腿。

（3）原地前踢腿：站姿，双手叉腰，两腿交替向前踢腿。

（4）原地侧踢腿：站姿，双手叉腰，两腿交替向侧踢腿。

（5）左右侧弓步：原地开立，一腿屈膝，另一腿伸直，左右移动交替进行。

（6）原地深蹲：站姿，双腿开立与肩同宽，脚尖向外，下蹲时膝盖不超过脚尖，腰背挺直。

（7）后撤步蹲：站姿，一腿向后撤一步，同时上身挺直下蹲。

（8）后屈腿跳：两膝并拢，脚跟靠近臀部，屈膝关节不超过支撑腿的膝关节。

练习方法：每个动作练习 20 秒，中间休息 10 秒。

2. 组合二

腿部塑形组合二

（1）侧卧抬腿：侧卧，双腿伸直，一腿伸直向上抬起，还原。

（2）侧卧上下摆腿：侧卧，双腿伸直，一腿伸直向上抬起并上下摆动。

（3）仰卧举腿开合：仰卧，双腿伸直，向上抬起，双腿开合。

（4）跪撑后屈腿：跪撑，一腿向后上方抬至水平伸直，大腿保持水平，小腿屈伸。

（5）仰卧踩车：仰卧，两臂平放于体侧，双腿踩车。

（6）跪撑后抬腿：跪撑，腿弯曲向后上方抬起。

（7）腿部拉伸（股四头肌拉伸）：单腿站立，另一腿的小腿后屈，同侧手抓住同侧脚踝，两膝并拢，背挺直。

（8）腿部拉伸（腓肠肌拉伸）：弓步站立，两脚尖向前，后腿用力后蹬地，脚跟落地。

练习方法：每个动作练习 20 秒，中间休息 10 秒。

五、全身燃脂

1. 组合一

全身燃脂组合一

（1）并步击掌：左右侧并步，同时双手上举击掌。

（2）开合跳：并腿跳起，分腿落地并屈膝缓冲，然后再分腿跳起，并腿落地。

（3）弹踢腿跳：两脚跳起，一腿落地，另一腿小腿经后屈向前踢并伸直。

（4）后屈腿跳：一脚跳起，另一脚向后屈膝，两腿交换依次完成。

（5）摆臂深蹲：原地深蹲，同时两臂前举，还原。

（6）俯身转体：站姿，双腿左右开立，两臂侧举，然后俯身转体，同时一手触摸异侧脚。

（7）俯身登山：俯撑，向前迈出一腿，弯曲并置于胸下方，前后腿同时用力交换动作。

（8）踏步放松：原地踏步，深呼吸放松，两臂经侧举至上举，后还原放松调整。

练习方法：每个动作练习 20 秒，中间休息 10 秒。

2. 组合二

全身燃脂组合二

（1）提膝击掌：站姿，两臂侧举，提膝同时双手上举击掌。

（2）迈步后屈腿跳：一腿向侧迈出一步，另一腿向后屈膝，同时两脚起跳，缓冲落地。

（3）吸腿跳：一腿向上跳起，另一腿屈膝抬起，落下还原。

（4）并步跳：右脚迈出，随之蹬地起跳，左脚并右脚，并腿落地。

（5）深蹲跳起：深蹲，两臂前屈，还原的同时双腿蹬地向上原地跳起，两臂自然后摆。

（6）俯身跨步：俯撑，一腿向同侧手臂方向跨步，还原，左右腿交替进行。

（7）转体跳：站姿，双腿并拢，两臂胸前平屈，上身不动，扭胯转体原地跳。

（8）拉伸放松：站姿，深呼吸放松调整，两臂上举拉伸。

练习方法：每个动作练习 20 秒，中间休息 10 秒。

第五节　健美操教学

健美操教学是指教师在一定的条件下，有效地把健美操知识、技术、技能传授给学生的过程。健美操教学是学校体育和现代社会体育的一个重要组成部分，健美操教学能力是体育教师和未来社会体育指导员必须掌握的基本教学能力。大学生将来或许也会从事健美操指导工作，培养学生的健美操教学能力也是健美操学习的任务之一。

一、健美操教学原则

（一）教师主导作用与学生主体作用相结合原则

健美操的教学过程是健美操教师与学生结合成整体的双边活动，师生双方必须摆正位置，这样才能调动教师与学生的主动性和积极性，增强健美操教学的效果。其中，健美操教师的主导作用和积极性的发挥更为重要。只有充分发挥健美操教师的主导作用，才能通过教师的教育、教学和积极的引导、启发，使学生充分发挥主体作用，自觉、主动地进行健美操学习。可以说，健美操教师与学生的积极性发挥既是独立的，又是相互依存、相互促进和相互影响的，双方共同推进健美操运动的发展。

健美操教师要真正发挥主导作用，就要彻底转变学生只是被动接受者的观念，激发学生自主学习的潜能，既要放手让学生主动去学、去实践，又要有目的、有计划地对健美操教学活动进行调控，指导学生顺利地掌握健美操相关知识、发展自我。

总之，在健美操教学中，无论采用哪种教学模式，健美操教师作为主导者，要为学生服务，因材施教，因势利导。具体而言，健美操教师的主导应该是“传道”时指方向，“授业”时教方法，“解惑”时引思路。

（二）直观感受与思维相结合原则

健美操动作内容丰富，变化多样，对初学者而言有一定的难度。对学生而言，认识、理解和体会学习健美操动作的最佳途径是直观感受，即通过视觉、听觉、触觉和肌肉本体感觉来感知所学动作的技术。在健美操教学过程中，教师要充分贯彻直观性原则，尽可能地利用学生的各种感官，让他们去感知动作，并让学生利用已有的经验进行积极的思维，以建立正确的动作概念，尽快熟悉与掌握所学内容，然后通过实际练习，逐步掌握动作，形成动作技能。教师可以通过动作示范、录像、简图并结合生动形象的语言来促进学生积极思维，使直观感受与思维相结合，以利于学生全面、生动、清晰地理解动作概念、动作做法等。

（三）循序渐进原则

循序渐进原则要求健美操教师在教学实践中，根据学生认知活动的特点、人体机能活动与动作技能形成的规律，正确地安排教学的进度、内容、方式和运动负荷，使学生通过系统的学习迅速掌握健美操动作技能。

（四）一般要求与区别对待相结合原则

一般要求与区别对待相结合原则是指健美操教师在教学实践中，根据学生的身体素质和技术水平及客观条件，按照教学大纲、教学计划的要求，恰当地、有针对性地安排教学。

（五）身体全面发展原则

健美操教学要贯彻学生身体全面发展的原则。人体各部位及各器官系统的机能之间、各种身体素质之间是相互联系、相互制约的，健美操教学要对学生身体的全面均衡发展产生积极的影响。因此，在健美操教学中应重视学生身体的全面发展，以促进其掌握各种技术动作，保证健美操教学任务的顺利完成。

（六）巩固和提高相结合原则

巩固与提高相结合原则是根据运动技能形成的规律提出来的，健美操教学也必须遵循这一原则。学生只有通过不断练习，才能使所学到的健美操技术和技能到巩固和提高，使其进一步完善和深化，在大脑皮层中建立牢固的动作定型，在实践中运用自如。学生能否牢固地掌握健美操理论知识、技术和技能，是衡量健美操教学质量高低的客观标准。

二、健美操教学方法

由于健美操教学内容丰富、形式多样，学生在学习过程中，既要学习单个动作又要掌握联合动作及成套动作，既要做到肢体动作协调又要与音乐节奏相吻合，学习有一定的难度。因此，健美操教学方法也应讲究多样化，采用哪种方法及如何运用，应根据教学任务、教学内容、学生的实际能力及场地设备等具体情况来决定。健美操教学常用的教学方法有讲解法、示范法、带领法、提示法、完整与分解法、练习法、纠错法、记忆法、连接法、线性法等。

（一）讲解法

讲解法是健美操教师向学生说明所学动作的名称、技术要点、做法及要求等，以指导学生进行练习的方法，是健美操教学中最主要、应用最普遍的一种方法。

采用此教法时应做到以下几点：

（1）讲解要有目的性。教师在讲解中应清楚地说明完成动作的技术要点、具体做法及要求等，围绕教学任务、内容，以及教学过程中学生存在的问题有目的地进行讲解。

（2）讲解要准确。健美操教师所讲的内容应准确、清楚、有逻辑性，即概念准确、清楚，言之有理，实事求是，并运用统一规范的健美操专业术语来表达。

（3）讲解要简明扼要、通俗易懂、言简意赅。教师讲解时应力求少而精，抓住关键，尽可能使用术语和口诀。

（4）要把握讲解的时机和效果。教师的讲解可以在示范后进行，也可以边示范边讲解。讲解前要根据学生已有的知识经验来确定所讲解内容的广度和深度，以使学生更好地理解和掌握技术。

（5）讲解的顺序要合理。讲解的顺序一般是，先讲下肢动作再讲上肢动作，最后讲躯干与头颈及手眼的配合。

（6）讲解要有启发性。在教学中，教师应力求用生动形象的语言唤起学生的学习情绪和求知欲，启发学生积极思维，使学生的听、看、想、练有机结合。

（7）讲解要有艺术性。教师讲解时的普通话要标准，口齿应清晰，并要生动形象，富有趣味和感染力。只有这样才能加快学生对动作的理解，使其建立正确的动作概念。

（8）讲解要有节奏和鼓舞性。教师讲解的语言节奏即讲解语言的声音强弱、快慢应按特定的顺序和时间间隔交替进行。教师的讲解应有激情，以激发学生练习的积极性。

（二）示范法

示范法是健美操教师将自身完成的动作作为教学的动作范例，用以指导学生进行练习的方法。这是教师在教学中最常用的一种直观的方法，它可以使学生了解所学动作的形象结构、技术要领和完成方法，便于学生建立正确的动作形象。

采用此教法时应做到以下几点：

（1）示范动作要准确、规范、轻松和优美。这样的示范有利于激发学生跃跃欲试的心理，使其产生练习兴趣，容易引领学生自觉地、积极地进行模仿，能起到鼓舞和动员的作用。

（2）示范位置的选择要合适。示范讲究示范面或示范方向，在教学中，教师应根据健美操的结构采用不同的示范面。当动作是围绕人体前后轴运动或左右移动时，教师应采用镜面或背面示范；当身体侧屈或侧移，同时两臂经肩侧屈上举等，或围绕身体左右轴运动时，教师应做侧面示范；等等。教师示范位置的选择要合理，要使全体学生都能一目了然地看清动作。如果学生人数多，则最好在高位置上进行示范。

（3）示范要有明确的目的性。教师的示范要根据教学任务、步骤及学生的学习情况来确定。如新授动作，为了使学生建立完整的动作概念，教师一般可先做一次完整示范，然后结合教学要求做分解示范、重点示范、慢速示范、正常速度的示范等，或综合运用各种示范方式进行示范。

（4）示范与讲解相结合。教师在健美操教学中，只有把示范与讲解紧密结合起来，使两者的优点互补，并克服其缺点，才能获得最好的教学效果。

（三）带领法

带领法是由健美操教师或优秀学生带领全体学生进行健美操练习的一种方法，常用于新授课的前一段时间教学或每次课的热身练习。对于简单的动作，由教师在队伍前带领学生一起做动作就可以实现练习的目的；对于复杂的动作，学生经常顾此失彼，记错或忘记动作要领，节与节之间的衔接经常难以记清，这就需要教师在队伍前或最佳位置采用背面示范或镜面示范的方式带领学生共同练习。

采用此教法时应做到以下几点：

（1）根据健美操动作选择正确带领的示范面。结构较简单的动作一般选择镜面示范；身体有前后行进、转体变化或动作较复杂时，宜采用背面示范；身体有左右方向变化的动作时，应根据观察动作的需要，选择镜面或背面示范。

（2）在新授课上，教师常采用背面示范带领学生练习。此法可使学生在身体部位、动作方法、动作路线、身体姿态等方面，较快地建立正确的动作概念和肌肉感觉（如果场地内配有镜子，效果会更好）。

（3）在复习课上，可由动作优美、成套动作熟练的学生进行镜面或背面示范，带领全班学生进行练习。这样做，一方面可为学生树立榜样，有利于增强学生学习的自觉性和积极性；另一方面也可使教师有更多的时间和精力去发现并纠正个别学生的错误动作。

（4）多采用镜面示范的方式。这样做有利于教师全面观察学生掌握动作的情况，便于与学生沟通，有利于控制学生的学习进程。

（5）教师在领做动作时，示范动作必须做得一丝不苟，还要配合手势、口令等提示方法，以达到最佳的教学效果。

（四）提示法

提示法是教师以提示的方式指导学生进行练习的一种方法。提示可以是语言的，也可以是非语言的。

1. 语言提示法

语言提示法是指用简短的语言，如口令，以提示的方式指导学生进行练习的一种教学方法。采用此教法时应做到以下几点：

（1）要用正确、恰当、简练的语言来提示动作的节奏，提醒动作的连续或评定动作的质量，或在容易出现错误的地方及早给予提醒。教师的语言提示要声音洪亮、发音准确、声调恰当。

（2）提示的语言要有号召性和鼓励性。教师的生动而带有鼓励性的语言，可以活跃课堂气氛，调动学生的情绪，使学生在愉快、轻松的心境下学习健美操，增强学生的自信心。

（3）提示的语言要密切配合音乐的节奏。教师的提示语言要符合音乐和动作的特点，与之融为一体。在学生练习健美操动作时，教师可采用边数拍边提示动作的方法，如提示身体姿势时，可呼“1、2、3、4、两、臂、伸、直”；提示动作方向时，可呼“1、2、向、前、5、6、向、后”；提示动作速度时，可呼“5、6、加、快”；若更换动作，则可呼“5、6、踏、步”；要求连续进行时，可呼“5、6、再、做”；要求停止练习时，可呼“5、6、7、停”；等等。教师的提示应有一定的“提前量”，给学生一定的反应时间，一般应根据需要提前4拍或2拍做出。

（4）在引导学生完成动作的同时，教师要对其动作给予纠正和恰当的评定；在给予信息时，教师的语言要简短准确，要根据练习特点和学生的反应速度，给出“腿、伸、直”“臂、上、举”等信息。教师在学生易出错的地方及早给予提示，对纠正动作有较好的效果。

2. 手势提示法

手势是身体语言的一种。在健美操教学中，教师运用各种手势指导学生完成练习的方法就是手势提示法。其特点是直观、简单、明了，有利于学生连贯地完成动作。手势提示方法主要运用于组合动作和成套动作的复习与巩固阶段。教师通过手势指导，提示学生按顺序、方向、要点完成动作，保证学生能将整套动作连贯、完整地完成。常用的提示手语如图2-5-1所示。

运用手势提示法时应做到以下几点：

（1）在健美操教学中，教师手势的运用要果断，要有明确的目的性，对于将要做出什么样的手势，应做到心中有数，要让学生容易明了。

（2）教师运用手势时，要注意时机和效果。在上一个动作没有结束之前，即在7—8拍时就应该将下一个动作的要点方向及时地用手势表示出来，帮助学生准确理解并完成动作。

（3）教师应掌握学生完成动作的情况，在易出现问题的地方，提前向学生发出准确信号，如击掌或进行口头提示等，以引起学生的注意，然后给予手势提示。

图 2-5-1　常用的提示手语

（五）完整与分解法

1. 完整法

完整法即对健美操的单个动作或成套动作完整地进行教学的方法。这种方法不破坏动作结构，不割裂动作各部分或动作之间的内在联系，所以掌握的速度比较快，但这种方法仅适用于简单动作或少节拍动作的教学。

2. 分解法

分解法适用于健美操中结构较复杂的动作、组合或成套动作的教学。具体做法：把健美操中结构较复杂的动作、组合或成套动作，按动作技术环节合理地分解成几个局部动作分别进行教学。对于整套操，可以从基本动作练习、单个动作练习，再到组合动作练习、整套动作练习循序进行，最终掌握整套健美操，实现教学目的。用这种方法应注意时间不宜过久，同时应与完整法结合运用，以加深学生的记忆。

采用完整与分解法时应做到以下几点：

（1）通常在教学结构简单的动作时采用完整教学法。

（2）在教学较为复杂的动作时，可采用慢速完整练习的方法。等学生建立了动作概念之后，再按正常速度进行完整练习。

（3）对于协调性要求很高的复杂动作，往往先把它分解成几个局部动作分别进行教学，等学生基本掌握了分解动作之后，再进行完整动作的教学。如可以把健美操的动作教学分解成先学下肢动作，再学上肢动作，然后练习上下肢配合动作，接着再学习躯干动作，然后完整练习。

（4）采用分解法练习的时间不宜过长，否则易形成分解动作的动力定型而影响完整动作的学习。

（5）采用分解法教学的最终目的是让学生掌握完整的动作，所以运用分解法时应注意与完整法的合理结合，使两者相互促进、相得益彰。

（六）练习法

练习法是有目的、有计划地多次重复练习单个动作、组合动作或成套动作的方法。练习法是学会、巩固和优化健美操动作的重要方法。

1. 重复练习法

重复练习法是指不改变动作的结构、按动作要领进行反复练习的方法。

采用此教法时应做到以下几点：

（1）要防止错误动作的重复。在健美操教学中，教师一旦发现有错误动作，就应立即停止重复练习并及时予以纠正。

（2）在动作初学阶段采用重复练习法时，应掌握运动负荷，避免因疲劳而影响动作的准确掌握和质量改进。

（3）练习时要合理安排重复次数。在健美操教学中，重复练习的次数是在保证学生每一次的练习都能达到动作要求的前提下进行的，重复次数少，达不到锻炼效果，也不易掌握和巩固准确动作；重复次数太多，容易疲劳而造成动作变形，也易使学生失去练习的兴趣。

2. 交替练习法

交替法是指在教学过程中，根据健美操教学任务的需要，把学生分成两个以上的小组交替进行练习的方法。它不仅有利于学生学会和学好健美操动作，而且对练习的密度、强度、课堂的负荷量也有一定的影响。

采用此教法时应做到以下几点：

（1）根据健美操教学任务和学生身体情况，可把学生分成2～4组进行练习。通常采用的做法是集体练习数遍后再交替进行练习。

（2）在分组交替练习中，对不练的学生不应放任不管，要分配给他们观察的任务，即让他们带着问题去看其他同学做，并进行提问，这样安排教学有利于提高这些学生的观察力和认识能力。要让学生把看、想、练、听紧密结合起来，看其他同学练习不但可以培养学生的观察分析能力，还能激励他们自觉练习，加强动作的记忆，从而掌握完成健美操动作的技能。

（3）交替练习可按双数分组。此法便于“一对一”进行，可以互相观察、帮助，并交流经验。

（4）采用交替法练习必须有明确的目的。通常在新授课时，为了让学生学习和掌握成套动作技能并达到一定的负荷量，会采用交替法练习。在复习课上，为了熟悉成套动作、进行身体训练和纠正动作技术错误，也会采用交替法练习。

（七）纠错法

纠错法是指教师针对学生在练习中产生的错误，有针对性地选择有效的手段，及时纠正学生错误的一种方法。

1. 纠错法的主要形式

（1）语言纠错：当学生因遗忘动作或不清楚动作要领而出现错误时，教师应及时提示动作名称、讲解动作要领等，引导学生正确完成动作。

（2）正误对比纠错：当学生因不理解动作性质和作用而出现错误时，教师可通过正误动作示范对比的方法，使学生领会正误动作的不同之处，促使学生及时改进动作。

（3）合作纠错：当学生出现错误动作时，教师要引导学生学会观察（观察自己和观察同伴），力求使学生发现自己或同伴的错误，自我纠正错误，或者帮助同伴纠正错误。

（4）区别对待纠错：教师要根据学生的年龄、性别，出现错误动作的性质与特点（共性的、个别的、单一的、多个的错误等），采用区别对待的纠错方法。

2. 运用纠错法的要求

（1）在动作学习的初期阶段，教师可以用语言来提示动作名称、动作要点，以控制学生的动作，帮助与指导学生及时纠正错误，顺利完成动作。当学生因接受能力和协调性较差而出现错误动作时，教师要有耐心，重复讲解动作要领，剖析动作过程，帮助学生纠正错误动作。

（2）教师应引导学生主动参与交流，通过讨论、评议等形式不断发现错误，对错误动作进行质疑，让学生自己指出错误与纠正错误，形成互帮互助、共同提高的良好氛围。

（3）对于共性的错误，教师应采用集体纠正的方法，以节约时间；对于个别的、特殊的错误，教师应采用单个、逐一纠正的方法；当几个错误动作同时出现时，为防止学生无所适从，教师要一个一个地去纠正。

（八）记忆法

记忆法是运用心理学原理，让学生通过一系列的心理活动，配合完整练习，记忆动作的一种方法，主要有以下几种方式。

1．念动练习法

念动练习法主要是指学生在练习动作时有意识地、系统地在头脑中重复再现已形成的动作表象，不停地默诵动作要领及口令以形成心理暗示，从而达到熟练动作和加深动作记忆的目的。采用念动练习法时，应保持心情愉快而不紧张，有意识和无意识统一。

2．观察模仿法

观察模仿法是指让学生分组进行练习，一组做动作，一组观察并做模仿练习，指出缺点、纠正错误、加深记忆。这种方法有助于巩固正确动作的动力定型，在指出别人错误的同时纠正自己的缺点。

3．简图强化法

简图强化法是指让学生在课后把每堂课所学动作的名称、做法，逐拍用简图的形式表示出来的方法。在完成图解的过程中，动作的名称、顺序、连接在学生的头脑中多次得到再现、模仿、分析，可起到强化记忆的作用。这种方法有助于节省体力、提高教学质量、熟练掌握成套动作、增强运动感觉能力。

采用记忆法教学时应做到以下几点：

（1）记忆法一般在学生掌握动作的泛化阶段选用。这个阶段以记忆动作为主，不需要过多讲解或对动作规格提出要求，以保证学生记忆的连贯性和完整性。

（2）运用记忆法时，教师应帮助学生找到记忆动作的捷径，如“一踢二并三转”等简化动作名称的记忆法，以提高学生记忆动作的速度。

（九）连接法

这是一种与国际化健美操教学接轨的教学方法，即把所要教的内容分成若干串，每一串为4×8拍。首先教第一串动作。其方法是，先教第一个八拍动作，等学生掌握后再教第二个八拍的动作，然后把第一个、第二个八拍的动作连起来反复练习。接着教第三个八拍的动作，等学生掌握后再教第四个八拍的动作，然后把第三个、第四个八拍的动作连起来反复练习。最后把第一个至第四个八拍的动作串连起来反复练习，直至串起所有的教学内容。

采用此教法时应做到以下几点：

（1）运用连接法时，应保证从课的开始到结束都使身体处于“动”的状态（脚始终在运动)，否则就失去了连接法的意义。

（2）运用连接法时，音乐最好是连奏或剪接成连奏，这样可以使课程保持流畅、通顺，有利于练习者连续不断地进行锻炼，从而达到良好的健身目的。

（3）为了保证健美操教学的顺利进行，在选用连接法进行教学时，教师应根据练习者的运动水平认真准备每一节课，选编组合好每一串动作，尽量使每一串动作的内容类型变化新颖，以便激发练习者的兴趣，增强锻炼效果。

（十）线性法

线性法是一种简单的自由式教学方法，即在把动作按顺序串联起来时，每一节拍的动作只做一个小小的变化。例如，两腿始终做屈伸的重复动作，可配以身体的“左右移动—左右提肩—两肩环绕—左右臂绕环—两臂同时绕环—左右臂上下摆动—两臂同时摆动—两臂左右摆”等，这些动作都是在两腿屈伸时自然完成的。这种教学方法适合健美操初学者，可以使初学者避免因动作不协调而手忙脚乱、不知所措。

采用此教法时应做到以下几点：

（1）根据练习者的运动水平和协调能力，合理安排协调动作的次数及内容。协调动作过多说明练习单调乏味，协调动作过少则不利于练习者掌握动作。

（2）要灵活采用线性教学法。当练习者动作逐渐协调、适应练习后，要及时变换练习内容，增加使用串连法，使练习者在短时间内达到最佳锻炼效果。另外，现代健身俱乐部常采用的教学方法还有金字塔法、递加法、过渡动作法和分解变化法等。

以上教学方法有各自的特点和功能，健美操教师只有熟稔各种教学方法，才能灵活运用，并得心应手。健美操教学实践也证明，无论是新授课还是复习课，都不是用一种教学方法就能完成教学任务的，应根据健美操教学的需要，灵活地、相辅相成地运用多种教学方法，充分发挥各种教学方法的作用，只有这样才能很好地达到教学目标。

三、健美操教学能力及培养

教学能力是指教师在一定的条件下，有效地把知识、技术、技能传授给学生的本领。教学能力是教师在教学系统中所具有的直接影响学生的学习效率，促使学生成功、顺利地完成某种任务的心理特征，以及传授知识、技术、技能给学生的综合能力。教师的教学能力还表现在帮助学生把不知道的变成知道的，把不会做的变成会做的，把不懂得的技术要点变成懂得的技术要点，总之，就是帮助学生将不会的学会。教师要用已知的知识帮助学生实现对知识的理解、对动作的掌握。

健美操教学能力，是指教师在一定的条件下，有效地把健美操知识、技术、技能传授给学生的本领。健美操教学能力的培养是多方面的，主要包括动作示范能力、技术动作讲解能力、运用教法能力、观察分析和纠正错误动作能力、创编动作能力、组织与裁判能力等。

（一）培养动作示范能力

准确、优美和娴熟的动作示范是教师进行健美操教学时最能调动和激发学生自觉投入学习的积极因素。培养动作示范能力，最主要的是培养准确、优美、独立地展示动作，以及准确、灵活地运用示范点、示范面的能力。培养动作示范能力的主要方法如下：

（1）组织观看健美操教学、表演及比赛的视频，使学生对健美操运动有一个初步的了解，对即将学习的内容有一个初步的印象。

（2）学习健美操基本动作并强化其练习。

（3）反复练习组合或成套动作，并尽量使学生完成得准确、熟练、优美。

（4）采用分组轮换表演，以增强学生完成动作的规范性和优美性。

（5）组织相互观察、相互评比。

（6）一个或几个学生在队伍前带领练习，可使学生提高对自己的要求，更规范地完成动作。

（二）培养技术动作讲解能力

讲解是传授知识、技术、技能的基本教学能力之一。教师讲解不仅要准确无误地表述完成动作时身体各部位的方向、路线、幅度、速度、节奏和肌肉用力顺序等，还要明确讲解的内容，确定讲解的重点、难点、关键点，组织讲解的程序，注重讲解的方法，讲解的语言要明确、简洁、生动。

培养技术动作讲解能力的主要方法如下：

（1）在健美操课上，可要求学生将教师示范动作的名称、技术特点、动作过程等用术语描述一遍，之后，教师按讲解要求为学生讲解。通过教师讲解与学生讲解的比较，可使学生认识到自己讲解的不足，明确简明扼要、条理清晰的讲解在学习中的重要性和必要性。

（2）教师可采用课堂提问的方式，让学生讲述完成某个动作的要领、要求、易犯错误及纠正方法等，并及时进行讲评。

（3）在课堂的结束部分，让学生归纳课中教师所运用的教学方法或教学步骤，或说出教师着重对学生进行了哪些能力的培养，或指出教师在课堂上存在的不足之处等，以提高学生的语言表达能力和讲解能力。

（4）根据每一课的教学任务，让学生评议完成情况。

（5）让学生在课堂上试教一部分内容，使其真正感受到教学中语言表达能力的重要性。

（三）培养运用教法能力

教法是根据教学内容、教学任务、教学条件和学生情况等选定的教学方法。教学方法是否正确，直接关系到教学效果的好坏和教学质量的高低。因此，培养学生运用教法的能力是非常重要的。培养运用教法能力的主要方法如下：

（1）让学生了解和掌握常用的健美操教学方法，即传授健美操知识的方法、组织教学的方法等，不仅要了解教法的种类、名称，还要了解运用各种教法的依据包括时机等。只有合理地运用教法，才能达到事半功倍的教学效果。

（2）在课堂上，教师要求学生注意观察教师运用健美操教法的情况。在课堂结束前，让学生复述教师在课上采用了哪几种教学方法、是如何运用的，使学生加深对教法运用的认识。

（四）培养观察分析和纠正错误动作能力

培养观察分析和纠正错误动作能力的关键在于培养学生善于发现课堂教学和完成动作时的问题，分析其产生的原因并找出解决问题的方法。教师要有计划、有步骤地在课堂上为学生创造和提供实践机会。培养观察和纠正错误动作能力的主要方法如下：

（1）引导学生有计划地观看健美操教学视频。将学生分成 2 ~ 3 组，进行分段练习或完整动作练习，将练习结果录制下来，然后让学生观察自己的动作，找出错误动作并及时纠正。

（2）在教学中将学生分成两组，完成得较好的为一组，其余的为另一组，然后进行比较，让学生进行直观观察并思考：向完成得好的学什么？完成得差的要从哪些方面改进？这样做可以加深学生对学习内容的理解，不但培养了学生的观察能力，还发展了学生的分析能力。

（3）可以请动作完成得差的学生出列进行示范，教师组织观察，然后让其他学生帮助纠正，指出错误所在，并提出改进方法。如果学生纠正得不够准确，教师还应补充，以培养学生透过现象洞察本质的能力。

（4）在课堂上，教师可事先提出明确的观察目的和具体要求，指明观察的顺序，引导学生有目的、有意识地去完成自己的观察任务。

（五）培养创编动作能力

创编动作能力是根据需要重新组合动作和创造动作，创造性地编排健美操动作的一种能力。创编动作是在掌握健美操基本动作和创编原则与方法的基础上进行的。操创编动作能力是健美操教师必备的基本能力，是教师创造能力的具体体现。它既是一种高层次的思维过程，又是一种高层次的实践过程，对健美操教学有重要作用。

培养学生创编动作能力的主要方法如下：

（1）掌握健美操动作创编的原则、方法和步骤，以及应该注意的事项。

（2）在健美操学习中注意积累动作素材。健美操动作素材的掌握是动作创编的基础和前提，很难想象一个不会跳健美操的人能创编出一套健美操的动作。在健美操教学中，教师应尽可能多地向学生介绍动作素材，由单个动作到组合动作再到成套动作，只有掌握了丰富的健美操动作要素，并对健美操有了更多的体验与感受，学生才能对已有的动作素材进行加工、移植、对比和再创造，才能具有创编动作能力。

（3）对学生提出创编健美操动作的具体要求和组织实施方法。以小组为单位，分组进行，边研究边创编，并表演所创编的动作，由同学和教师进行评定。

（4）教师统一规定成套动作，学生自由组合，6～8 人为一组，要求学生在完成动作时有队形的变化，并根据动作时间的长短确定队形变化的次数。在编排队形时，成套动作的内容顺序不变，但方向可以改变。每个学生都要积极参与，这种参与和合作不仅可以培养学生的创编能力，而且可以培养学生的团结合作精神。

（六）培养组织与裁判能力

健美操的组织能力主要表现为教法的组织与运用能力，以及组织学生练习队形等方面的能力，如合理进行队伍的调动、布置场地、使用器材、组织学生进行比赛和表演等。裁判能力是指以裁判规则为准绳，对完成动作进行正确评价的能力。

培养组织与裁判能力的主要方法如下：

（1）让学生轮流负责每次课的集合、整队、调队、报告学生出勤情况等工作，培养学生的组织调动能力。

（2）把全班分成几个小组进行练习，由小组成员轮流组织学生进行练习，教师对各小组的情况进行评价，以增强学生组织教学的积极性。

（3）在健美操课上结合裁判规则进行教学，这既能使学生学习动作有更高的标准，又对学生深入理解和运用规则具有重要的作用。

（4）组织各班进行小型比赛，学生互为表演者和裁判员。

（5）组织全校、各系及年级的教学比赛。全校比赛可由教师指挥，选出健美操骨干担任裁判。同一年级的比赛，一部分学生为参赛者，另一部分学生为裁判员。全系的比赛可由高年级学生担任裁判员。

健美操教学实践证明，重视和加强学生健美操教学能力的培养，不但有利于巩固和提高所学的健美操技术、知识及技能，而且能激发学生学习健美操的自觉性和积极性，更有利于推动健美操教学改革，培养具有良好素质的人才。

学习感悟

1. 健美操虽然起源于西方，但发展至今它已经融入了世界各地的文化元素。

2. 健美操不仅可以锻炼身体、增强体质，还能培养团队合作和沟通能力。

3. 健美操不仅是一门运动，还是一种艺术和生活态度，也可以成为一种自我放松的方式。

思考题

1. 简述健美操的概念与分类。

2. 谈谈健美操常用的教学方法有哪些。

3. 请用 4 个健美操基本步法创编 4×8 拍的组合动作。

4. 请说出腹肌训练的 5 个练习方法。

第三章 啦啦操运动

本章导读

啦啦操是在音乐或口号的衬托下，借助标语、道具等物品，以技巧展示或舞蹈动作为载体，为比赛助威，调节紧张、对抗的赛场气氛的一项体育运动。它往往以团队的形式出现，以展现具有强烈的鼓动性、感染性的动作为形式，体现团队意识与集体主义精神，反映朝气蓬勃的精神面貌，具有竞技性、观赏性、表演性等特点。

学习目标

1. 了解啦啦操的概念及发展概况。
2. 了解啦啦操的分类及功能，掌握啦啦操的基本动作及训练方法。
3. 懂得如何欣赏啦啦操表演。

第一节 啦啦操简介

一、啦啦操的概念

啦啦操是融合了体育、艺术与仪式表演的一项极具感染力、表现力的团队活动。团队成员集体参与、相互配合，完成基本手位、舞蹈动作与技术技巧动作，是展现团队高超的技术技巧和技能水平，体现健康活力、积极向上的团队风貌，追求团队荣誉的一项体育运动。

二、啦啦操发展概况

（一）啦啦操在世界的发展

我们今天所熟知的啦啦操创始于 1898 年。在一次足球比赛中，美国明尼苏达大学的学生约翰尼·坎贝尔激动地从人群中跳出来站在观众前面，带领 6 名男生为比赛呐喊助威，这次对啦啦操发展有重要意义的助威活动被记载在明尼苏达大学学生编发的刊物上。因此，一般把 1898 年作为啦啦操正式诞生的时间。2013 年 5 月 31 日，国际单项体育联合会在圣彼得堡投票表决，正式接受国际啦啦操联合会（ICU）进入世界单项体育组织联盟。2016 年 12 月 6 日，在瑞士洛桑召开的国际奥委会执委会会议上，国际啦啦操联合会被国际奥委会授予为期 3 年的临时许可。目前，国际啦啦操联合会总部设在美国，包括中国在内已有 110 个国家和地区成为国际啦啦操联合会会员。

（二）啦啦操在中国的发展

20 世纪末，啦啦操传入我国。初期由中国学生体协健美操艺术体操协会在其主办的赛事中增加啦啦操项目，由此，啦啦操在大中小学及各级各类学校中开展起来。教育部学生体协也将啦啦操列入了学生竞赛项目。

2007 年，北京奥运会申办现场展示的啦啦操表演，将啦啦操运动推向高潮。2008 年，北京奥运会表演现场啦啦操的精彩亮相，极大地推动了啦啦操的发展。

2008 年 11 月，在国家体育总局体操运动管理中心主办的全国技巧锦标赛中，啦啦操被列为正式比赛项目，是最高级别的啦啦操赛事。2009 年，国家体育总局正式接管啦啦操项目。2014 年 1 月，国家体育总局体操管理中心批准，将全国啦啦操竞赛委员会和全国啦啦操推广委员会合二为一，整合为如今的全国啦啦操委员会。

经过 20 多年的推广传播，啦啦操在我国的发展赢得了广泛的赞誉和好评。在 2008 年北京第 29 届夏季奥运会、2013 年第 12 届全运会和 2014 年南京第 2 届夏季青年奥运会上，啦啦操均作为压轴节目进行了重点展示。

第二节　啦啦操的分类及功能

一、啦啦操的分类

啦啦操内容丰富，形式多样。根据活动的目的，啦啦操可分为竞技性啦啦操、表演性啦啦操；根据参与人群，啦啦操可分为校园啦啦操、职工啦啦操、社区啦啦操和残疾人啦啦操；根据活动场所，啦啦操可分为看台啦啦操和场地啦啦操；根据技术特征，啦啦操可分为技巧啦啦操和舞蹈啦啦操。此外，还有其他延伸分类，如亲子啦啦操、创意啦啦操、吉祥物啦啦操等。目前我国通常根据技术特征对啦啦操进行分类，如图 3-2-1 所示。

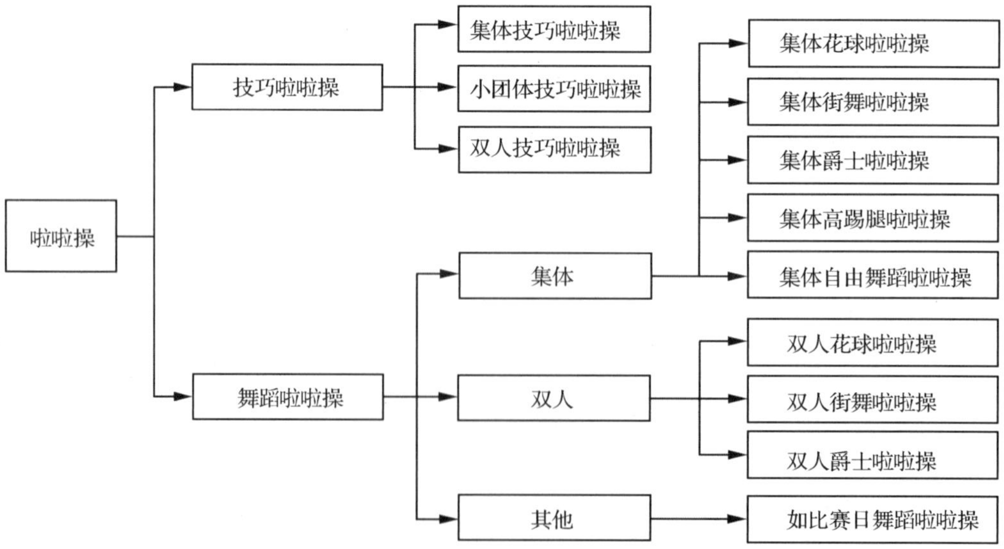

图 3-2-1　啦啦操的分类

（一）技巧啦啦操

技巧啦啦操是在音乐的伴奏下，以跳跃、翻腾、托举、抛接和金字塔组合等技巧性难度动作为主要内容，配合口号、基本手位、舞蹈动作及过渡连接等元素，充分展示运动员高超的技巧技能的团队竞赛项目。技巧啦啦操又可以分为集体技巧啦啦操、小团体技巧啦啦操和双人技巧啦啦操。

在技巧啦啦操中，还可根据性别来划分项目，如集体技巧啦啦操和小团体技巧啦啦操分别按性别分为全女子组和混合组，而双人技巧啦啦操只有（男女）混合双人组。

（二）舞蹈啦啦操

舞蹈啦啦操是在音乐的伴奏下，运用多种舞蹈形式的动作组合，结合转体、跳步、平衡与柔韧等难度动作以及舞蹈的过渡连接技巧，通过空间、方向与队形变化表现出不同舞蹈风格的特点，强调速度、力度与运动负荷，展示运动舞蹈技能以及团队风采的体育项目。

舞蹈啦啦操根据主要技术动作和风格可分为花球、爵士、街舞、高踢腿等几类；根据人数不同可分为集体项目和双人项目。我国还另设有自由舞蹈啦啦操。

1. 花球啦啦操

花球啦啦操要求手持花球完成，成套动作结合啦啦操基本手位、个性舞蹈、难度动作、舞蹈技巧等元素，展现干净、精准的运动舞蹈特征，以及良好的花球运用技术，呈现整齐划一、层次分明、队形不断变换等集体动作视觉效果。技术特征主要体现为：肢体动作通过短暂加速、制动定位体现啦啦操特有的力度感；动作完成干净利落，在运动过程中重心稳定、移动平稳；身体控制精确、位置定位准确，并通过动作的强度和快速发力突出运动舞蹈的特征。

2. 爵士啦啦操

爵士啦啦操成套动作由爵士风格的舞蹈动作、难度动作以及过渡连接动作等组成，通过队形、空间、方向的变换，同时附加一定的运动负荷，表现运动员的激情以及团队的运动舞蹈能力。其技术特征主要体现为：肢体动作具有由内向外的延伸感；通过延伸制动，体现爵士啦啦操特有的力度感；通过动作松弛有度的强度变化突出运动舞蹈的特征。

3. 街舞啦啦操

街舞啦啦操成套动作以街舞风格的舞蹈动作为主，强调街头舞蹈的形式，注重动作的风格特征以及身体各部位的律动与控制，要求动作的节奏与音乐和谐一致，同时也可附加一定的强度动作，包括不同跳步的变换及组合。其技术特征主要体现为：以肢体多关节动作短暂加速、制动定位来体现特有的力度感；动作完成干净利落、身体控制精确、位置定位准确，并通过动作松弛有度的强度变化突出运动舞蹈的特征。

4. 高踢腿啦啦操

高踢腿啦啦操结合了踢腿风格的创造性使用，总是一只脚与地面接触而另一只脚用力踢出去，包括但不限于各种形式的踢腿，如正踢、斜踢、弹踢、扇踢、跳踢等。其技术特征主要体现为：大幅度、高精确度、高强度、定点和控制。

5. 自由舞蹈啦啦操

除爵士、花球、街舞、高踢腿以外，区别于舞蹈啦啦操中其他形式的，具有啦啦操基本技术特征的啦啦操，统称为自由舞蹈啦啦操，如各种具有民族舞特点的啦啦操。

二、啦啦操的功能

（一）教育功能

啦啦操的教育功能主要表现为对参与者的团队意识与意志品质的培养。

啦啦操是以团队协作为核心的运动，特别重视对参与者团队意识的培养。从啦啦操运动本身来看，在啦啦操的教学、训练、比赛过程中，所有运动员只有精诚合作，才能完成精彩绝伦的表演，运动员的任何一个微小失误都会导致整个队伍表演失败或引发危险。同时，啦啦操通过整齐划一的动作、振奋人心的口号与带有文化符号的标语，表达了“团结就是力量、团结就是胜利”的坚定信念。

长期的啦啦操训练与实践，能够培育啦啦操运动员的集体主义观念与团结合作精神，实现其心灵的健康成长。啦啦操运动倡导培养“品德好、学习好、气质好、技术好”的“四好”运动员，这种理念也与塑造人格、锻炼意志与享受乐趣的学校体育培养目标相契合的。

（二）健身功能

啦啦操的健身功能主要表现在对体质健康与心理健康的促进。

其一，对体质健康具有促进作用。由于身体参与是啦啦操的项目特征，经过不断地练习，参与者的身体状况会得到有效改善。首先，啦啦操运动员既有长时间的有氧代谢，也有短时间的无氧代谢，对身体的心肺功能有积极的影响。其次，啦啦操技术动作涉及全身多个部位，不仅有益于肌肉、骨骼、关节的匀称与和谐发展，有利于形成良好的体态，而且对力量、协调、灵敏等身体素质有较大益处。例如，托举动作可以有效提升学生的臂力，其他组合动作可以增强学生身体的协调性。通过啦啦操的学习，身体各部位可以得到有效的锻炼，能很好地增强学生的体质，起到强身健体、有益健康的作用。

其二，对心理健康具有促进作用。当参与者与同伴默契配合成功完成某些动作时，可以获得满足感，而自我价值的充分体现会增强参与者的自信心、自尊心与自豪感。同时，在啦啦操的表演过程中，表演者要微笑面对观众，这也有利于学生形成积极、乐观和开朗的心态，从而促进学生的心理健康。

（三）审美功能

啦啦操的审美功能主要体现在参与者体态、活力和健康的展现。

由于啦啦操的表演融合了音乐、舞蹈和体操等多种形式，因此对于运动员的体态、肢体等，都具有较高的要求，而且其中还有很多连贯动作，需要运动员根据音乐的节拍，按标准完成。这些都使得啦啦操在表演的过程中，具有较高的艺术性和欣赏性，对于学生审美能力的提升也能起到很好的促进作用。运动员优美的体态代表着健康、力量和美，它作为肢体动作的载体，将运动员匀称的骨骼、健康的肤色、优美的线条、健美的肌肉、灵巧的肢体动作，以及热情奔放的个性充分展示出来，在视觉上能给人以身心愉悦的感官体验，让学生真正地体会什么是形体美、姿态美、体质美、素质美、气质美、动作美、音律美、服装美以及和谐美等。

（四）社会功能

啦啦操的社会功能主要体现在其推广普及对促进社会和谐发展具有重要作用。

首先，啦啦操运动表现出的物质文化、活动内容和形式能满足参与者的身心健康与休闲娱乐需要。其次，啦啦操运动呈现出的制度文化，诸如竞赛规则、组织机构与政策法规等，能潜移默化地促进个体或社会相关领域、相关部门向着理性、规范、法治的和谐社会方向自觉转型。最后，啦啦操运动展现出的团队、时尚与活力文化逐渐渗透到人们的价值观念体系中，跨越了民族、宗教、观念之间的差别，增进了社会成员、群体之间的相互交流、相互信任与团结友爱，有助于化解社会矛盾，整合社会关系。

第三节 啦啦操基本动作

一、啦啦操基本手位

啦啦操基本手位是啦啦操项目中最基础、最重要的动作之一，是啦啦操特有的动作，它在成套动作的编排中起到核心作用，体现了啦啦操运动的特点。啦啦操教学、训练中的第一课，都会进行啦啦操的手位学习。下面介绍啦啦操的 36 个基本手位，如表 3-3-1 所示。

表 3-3-1　啦啦操的 36 个基本手位

序号	名称	序号	名称	序号	名称	序号	名称
1	下 A	10	下 L	19	斜下冲拳	28	下 X
2	上 A	11	斜线	20	斜上冲拳	29	X
3	上 V	12	K	21	高冲拳	30	上 H
4	下 V	13	侧 K	22	R	31	小 H
5	加油	14	弓箭	23	上 M	32	屈臂 H
6	T	15	小弓箭	24	下 M	33	下 H
7	短 T	16	短剑	25	屈臂 X	34	前 H【持烛式】(拳心相对) 前 H【提桶式】(拳眼相对)
8	W	17	侧上冲拳	26	上 X	35	后 M
9	上 L	18	侧下冲拳	27	前 X	36	O

预备动作（图 3-3-0）：两腿开立，下 H 手位。

啦啦操基本手位

（1）下 A（图 3-3-1）：两臂胸前下举，两手拳心相靠，大臂夹紧身体，大拳眼向前。

（2）上 A（图 3-3-2）：两臂上举，两手拳心相靠，大臂贴近脸颊处，眼看拳。

图 3-3-0　预备

图 3-3-1　下 A

图 3-3-2　上 A

（3）上 V（图 3-3-3）：两臂侧上举握拳，两臂之间夹角为 60°～90°，拳心向外，大拳眼向前，肩下沉，余光能看到最远端的拳。

（4）下 V（图 3-3-4）：两臂侧下举握拳，两臂之间夹角为 60°～90°，拳心向内，大拳眼向前，两臂在体侧稍前，余光能看到最远端的拳。

（5）加油（图 3-3-5）：两大臂紧贴身体体侧，小臂内收，拳心相靠，小拳眼朝向前。拳的高度在下巴以下锁骨位置，拳与身体保持一拳距离。

图 3-3-3　上 V

图 3-3-4　下 V

图 3-3-5　加油

（6）T（图 3-3-6）：两臂侧举，握拳，拳心向下，大拳眼向前，肩下沉，余光能看到最远端的拳。

（7）短 T（图 3-3-7）：两臂胸前平屈握拳，拳心向下，小拳眼向前。

（8）W（图 3-3-8）：两臂肩上屈，肘关节成 90°，握拳，拳心相对，小拳眼向前。

图 3-3-6　T

图 3-3-7　短 T

图 3-3-8　W

（9）上 L（图 3-3-9）：一臂上举，大臂贴近脸颊，拳心向内，小拳眼向前，另一臂侧举握拳，拳心朝下，大拳眼向前，肩下沉。

（10）下 L（图 3-3-10）：一臂侧举握拳，拳心向内，大拳眼向前，另一臂侧举握拳，拳心向下，大拳眼向前，肩下沉。

（11）斜线（图 3-3-11）：一臂侧上举，握拳（大拳眼向前），一臂侧下举，握拳（大拳眼向前），两臂成一斜线。

图 3-3-9　上 L

图 3-3-10　下 L

图 3-3-11　斜线

（12）K（图3-3-12）：一臂前上举，拳心向下（大拳眼向前），另一臂前下举，拳心向下（小拳眼向前），两臂夹角约为90°。

（13）侧K（图3-3-13）：一臂侧上举，握拳（大拳眼向前），一臂前斜下举，拳心向下（小拳眼向前）。

（14）弓箭（图3-3-14）：一臂侧举握拳，拳心向下，大拳眼向前，一臂胸前平屈握拳，拳心朝下，小拳眼向前。

图3-3-12　K

图3-3-13　侧K

图3-3-14　弓箭

（15）小弓箭（图3-3-15）：一臂侧举握拳，拳心向下，大拳眼向前，一臂胸前屈，拳心向内，大臂紧贴身体，小拳眼朝正前方，大拳眼向肩。

（16）短剑（图3-3-16）：以右手叉腰为例，拳心向下，小拳眼向前，左臂胸前屈，拳心向内，大臂紧贴身体，小拳眼向正前方，大拳眼向肩。

（17）侧上冲拳（图3-3-17）：以右手叉腰为例，左臂侧上冲拳，拳心向外，大拳眼向前。

图3-3-15　小弓箭

图3-3-16　短剑

图3-3-17　侧上冲拳

（18）侧下冲拳（图 3-3-18）：以右手叉腰为例，左臂做下 V 的一半，大拳眼向前。

（19）斜下冲拳（图 3-3-19）：以右手叉腰为例，左臂右前下举，拳心向下，小拳眼向前。

（20）斜上冲拳（图 3-3-20）：以右手叉腰为例，左臂右前上举，拳心向下，小拳眼向前。

图 3-3-18　侧下冲拳

图 3-3-19　斜下冲拳

图 3-3-20　斜上冲拳

（21）高冲拳（图 3-3-21）：以右手叉腰为例，左臂上举冲拳，大臂贴近脸颊，小拳眼向前。

（22）R（图 3-3-22）：一手臂斜下冲拳，拳心向下，另一手臂后抱头，头后屈臂（大臂上抬）。

（23）上 M（图 3-3-23）：两臂肩上屈，手握拳触肩，肘关节向外。

图 3-3-21　高冲拳

图 3-3-22　R

图 3-3-23　上 M

（24）下 M（图 3-3-24）：两手叉腰，握拳，拳背朝上，小拳眼向前。

（25）屈臂 X（图 3-3-25）：前臂交叉于胸前（小臂交叉），小拳眼向前。

（26）上 X（图 3-3-26）：两臂交叉于头前上方（小臂交叉），拳心向前，肩下沉。

图 3-3-24　下 M

图 3-3-25　屈臂 X

图 3-3-26　上 X

（27）前 X（图 3-3-27）：两臂交叉于体前（小臂交叉），拳心向下。

（28）下 X（图 3-3-28）：两臂交叉于体前下方，拳心向斜下。

（29）X（图 3-3-29）：两臂肩上头后屈，两拳心贴紧后脑勺，大臂上抬，肘外展。

图 3-3-27　前 X

图 3-3-28　下 X

图 3-3-29　X

（30）上 H（图 3-3-30）：两臂上举，大臂贴近脸颊，小拳眼向前。

（31）小 H（图 3-3-31）：一臂上举，大臂贴近脸颊，小拳眼向前，另一臂胸前屈，拳心向内，大臂紧贴身体，小拳眼向正前方，大拳眼向肩。

（32）屈臂 H（图 3-3-32）：两臂胸前屈，拳心向内，大臂紧贴身体，小拳眼向正前方，大拳眼向肩。

图 3-3-30　上 H

图 3-3-31　小 H

图 3-3-32　屈臂 H

（33）下 H（图 3-3-33）：两臂前下举，拳心相对。大臂夹紧身体，大拳眼向前。

（34）前 H（图 3-3-34）：两臂前举，握拳，拳心相对（持烛式）或拳眼相对（提桶式）。

（35）后 M（图 3-3-35）：两臂腰间屈，握拳，小拳眼紧贴腰，大拳眼向外，拳心向上，也称为起位式。

（36）O（图 3-3-36）：两臂上举，手臂成弧形，两手在头顶上方握拳，拳面相靠，小拳眼向前。

图 3-3-33　下 H

持烛式　　提桶式

图 3-3-34　前 H

图 3-3-35　后 M

图 3-3-36　O

小贴士

（1）啦啦操常用手型包括：胜利、力量、喝彩、酷、团结、真棒、勇往直前、自信。

（2）在练习啦啦操前要充分热身，防止受伤。完成动作要干净利落，不要拖泥带水。

（3）在做动作的过程中，膝关节不要完全伸直，保持微屈的状态，重心稳定，移动平稳。在练习结束后记得做拉伸，放松肌肉，防止肌肉酸痛。

（4）所有的手臂动作都必须严格按照 36 个基本手位的标准来完成。

二、啦啦操手位组合

基本手位是啦啦操特有的技术特征，是啦啦操成套动作的核心内容。下面以花球舞蹈啦啦操为例进行说明，通过合理运用 36 个基本手位，可以创编出丰富多样的花球舞蹈啦啦操成套动作。

（一）啦啦操手位组合练习一

1. 第一个八拍

1～2 拍：左脚、右脚原地踏步，同时两臂侧上举成上 V 手位。

3～4 拍：左脚、右脚原地踏步，同时两臂胸前交叉成屈臂 X 手位。

手位组合练习一

5 ~6 拍：左脚、右脚原地踏步，同时两臂侧下举成下 V 手位。

7 ~8 拍：两脚跳成开立，同时两臂成加油手位。

2. 第二个八拍

1 ~2 拍：左脚向前迈步，同时两臂经屈至侧举成 T 手位。

3 ~4 拍：右脚向右迈步成右侧弓步，左脚脚尖点地，同时两臂成右斜线手位。

5 ~6 拍：左侧弓步，右脚脚尖点地，同时两臂成左斜线手位。

7 ~8 拍：两脚跳成直立，同时两臂经屈至下成下 H 手位。

3. 第三个八拍

1 ~2 拍：两脚跳成开立，同时两臂屈臂向前成前 X 手位。

3 ~4 拍：两脚跳成直立，同时两臂胸前平屈成短 T 手位。

5 ~6 拍：两脚跳成半蹲，上体前屈低头，同时两臂扶两侧大腿。

7 ~8 拍：两脚保持不动，同时两臂经屈至侧上成上 V 手位。

4. 第四个八拍

1 ~3 拍：右脚开始踏步，同时上体右转 360°，左臂上举，右臂侧举成 L 手位。

4 拍：直立，同时两臂胸前屈成加油手位。

5 ~6 拍：左脚向左一步成前弓步，右腿屈膝，前脚掌着地，同时两臂成 K 手位。

7 ~8 拍：两脚跳成直立，同时左臂胸前平屈，右臂侧平举成弓箭手位。

5. 第五个八拍

1 ~2 拍：直立，同时左手叉腰，右臂成侧下冲拳手位。

3 ~4 拍：右臂侧下冲拳两次。

5 ~7 拍：左脚向左一步，同时右臂由外向内绕至侧上成侧上冲拳手位。

8 拍：直立，同时左手叉腰，右臂成侧上冲拳手位。

6. 第六个八拍

1 ~2 拍：左脚、右脚原地踏步，同时两手置于头后成 X 手位。

3 ~4 拍：左脚、右脚原地踏步，同时两臂前举成提桶式手位。

5 ~6 拍：两脚跳成开立，同时两臂侧下举成下 V 手位。

7 ~8 拍：两脚跳成直立，同时两臂肩上侧屈成 W 手位。

7. 第七个八拍

1 ~2 拍：右脚向右一步，同时两臂成下 M 手位。

3 ~4 拍：两脚跳成直立，同时两臂成下 M 手位。

5 ~6 拍：两脚跳成左右开立，两臂屈肘成胸前搓花球。

7 ~8 拍：两脚垫步成并拢，两臂头上搓花球成上 A 手位。

8. 第八个八拍

1 ~2 拍：左脚、右脚原地踏步，同时两臂上举成 H 手位。

3 ~4 拍：左脚、右脚原地踏步，同时两臂胸前成加油手位。

5 ~6 拍：左脚、右脚原地踏步，同时两臂头上肘屈成 O 手位。

7 ~8 拍：两脚跳成开立，同时左手叉腰，右臂成高冲拳手位。

（二）啦啦操手位组合练习二

手位组合练习二

1. 第一个八拍

1 ~2 拍：直立，两臂成加油手位。

3 ~4 拍：左右臂交替做小 H 手位。

5 ~6 拍：左右臂交替做弓箭手位。

7 拍：成屈臂 H 手位。

8 拍：成下 H 手位。

2. 第二个八拍

1 ~2 拍：右脚、左脚向后一步，同时两臂经短 T 至 T 手位。

3 ~4 拍：右脚向后一步并于左脚，两臂胸前平屈重叠（左臂在上）。

5 ~6 拍：两脚左右开立，双手搓花球。

7 拍：向右做侧 K 手位。

8 拍：右脚还原，两臂成加油手位。

3. 第三个八拍

1 ~2 拍：左脚、右脚向前一步，同时两臂经短 T 至 T 手位。

3 ~4 拍：左脚并右脚，两臂胸前平屈重叠（右臂在上）。

5 ~6 拍：开立，同时双手搓花球。

7 拍：向左做侧 K 手位。

8 拍：左脚还原成加油手位。

4. 第四个八拍

1 ~ 2 拍：两脚开立，两臂成 W 手位。

3 拍：成屈臂 X 手位。

4 拍：还原至 W 手位。

5 拍：由 W 成上 A 手位。

6 拍：半蹲低头含胸，两手屈肘扶于大腿前侧。

7 ~ 8 拍：直立，两臂成下 H 手位。

5. 第五个八拍

1 拍：左脚向左一步，同时左臂侧上举，右臂屈肘于脑后。

2 拍：手臂动作同 1 拍，但方向相反。

3 拍：上体左转，腿微屈，手臂成 R 位手位。

4 拍：还原成直立。

5 拍：右脚向右一步，同时右臂侧上举，左臂屈肘于脑后。

6 拍：手臂同 5 拍，但方向相反。

7 拍：上体右转成 R 手位。

8 拍：还原成直立，两臂成下 H 手位。

6. 第六个八拍

1 ~ 2 拍：左脚、右脚依次向前一步，两臂成 K 手位。

3 ~ 4 拍：左脚上步并右脚，两臂成加油手位。

5 拍：两脚跳成开立，两臂成右斜线，头向右侧屈。

6 拍：两臂成加油手位。

7 ~ 8 拍：两臂成上 V 手位。

7. 第七个八拍

1 ~ 2 拍：左腿直立，右腿在左腿后交叉，两臂成 O 手位。

3 ~ 4 拍：右脚向侧边一步成右侧弓步，两臂成下 H 手位。

5 拍：右臂向前冲拳。

6 拍：左臂向前冲拳。

7 ~ 8 拍：两臂经短 T 成下 H 手位。

8. 第八个八拍

1 ~2 拍：右侧成弓步，左臂侧上冲拳，右臂肩侧屈，手扶头后。

3 ~4 拍：还原成直立，两臂成下 H 手位。

5 拍：两臂成上 V 手位。

6 拍：两臂成上 A 手位。

7 拍：两臂成上 V 手位。

8 拍：两臂成下 H 手位。

（三）啦啦操手位组合练习三

1. 第一个八拍

手位组合练习三

1 ~2 拍：两脚跳成开立，两臂侧上举成上 V 手位。

3 ~4 拍：两脚跳成并立，两臂胸前屈成加油手位。

5 ~6 拍：左脚、右脚原地踏步，两臂胸前平举交叉成前 X 手位。

7 ~8 拍：向右跳转 90°，同时左手置于腰间，右臂胸前屈成短剑手位。

2. 第二个八拍

1 拍：左脚向左迈步，两臂侧举成 T 手位。

2 拍：右脚向左迈步，同时上体左转 90°，两臂胸前平屈成短 T 手位。

3 ~4 拍：左脚、右脚踏步，同时上体左转 270°，两臂上举成上 H 手位。

5 拍：左脚向前一步成半蹲立，同时两臂经胸前屈肘成下 V 手位。

6 拍：重复 5 拍手臂动作。

7 ~8 拍：两脚跳成并立，同时左臂侧举，右臂侧上举成上 L 手位。

3. 第三个八拍

1 拍：左脚向后踏步，左臂屈肘置于脑后，右臂侧上举成上 V 手位。

2 拍：右脚向后踏步，右臂屈肘置于脑后，左臂侧上举成上 V 手位。

3 ~4 拍：左脚、右脚踏步，两臂屈肘置于脑后成 X 手位。

5 拍：左脚向右前一步，两臂胸前屈臂交叉成屈臂 X 手位。

6 拍：右脚向右侧摆，两臂侧举成 T，头向右侧屈。

7 ~8 拍：两脚跳成半蹲立，两臂下举成下 H 手位。

4. 第四个八拍

1~2 拍：左脚、右脚踏步，两臂侧上举成上 V 手位。

3 拍：右腿侧踢，两臂侧下举成下 V 手位。

4 拍：两脚跳成并立，两臂成下 H 手位。

5 拍：两脚跳成开立，同时左臂侧上举，右臂侧下举成左斜线。

6 拍：右臂侧上举，左臂侧下举成右斜线。

7~8 拍：半蹲，体前屈，两臂屈肘置于右大腿上，拳心向下。

5. 第五个八拍

1~2 拍：两脚跳成并立，两臂上举成上 A 手位。

3~4 拍：两脚跳成开立，两膝微屈，两臂胸前平屈成短 T 手位。

5 拍：两腿直立，右臂侧上举，左臂侧下举成右斜线。

6 拍：左臂侧上举，右臂侧下举成左斜线。

7 拍：两脚跳成并立，两臂胸前屈成加油手位。

8 拍：左脚向左一步，同时上体左转 90°，两臂成 K 手位。

6. 第六个八拍

1 拍：两脚还原成直立，同时上体右转 90°，左臂侧举，右臂胸前平屈成弓箭手位。

2 拍：右脚向后一步，左臂侧下举，右臂胸前屈。

3 拍：左脚向后一步，右臂侧下举，左臂胸前屈。

4 拍：右脚并左脚，两臂胸前平屈成短 T 手位。

5~8 拍：左脚、右脚依次踏步，同时向左转 360°，两臂侧下举成下 V 手位。

7. 第七个八拍

1 拍：左脚向前一步，左臂置于体侧，右臂侧上举成侧上冲拳手位。

2 拍：右脚向前一步，左臂侧上举，两臂成上 V 手位。

3~4 拍：左脚、右脚依次踏步，两臂体前交叉成上 V 手位。

5 拍：左腿前踢，两手握拳置于腰间成下 M 手位。

6 拍：左腿还原成直立。

7 拍：右腿前踢。

8 拍：右腿还原成直立。

8. 第八个八拍

1 拍：两脚跳成开立，两膝微屈，两臂体前交叉成下 X 手位。

2 拍：两臂侧下举成下 V 手位。

3 ~4 拍：两脚跳成并立，两臂成下 H 手位。

5 ~6 拍：左脚、右脚踏步，两臂经内向外绕环成上 V 手位。

7 ~8 拍：两脚跳成并立，两臂胸前屈成加油手位。

（四）啦啦操手位组合练习四

1. 第一个八拍

手位组合练习四

预备姿势：两腿直立，两臂胸前成加油手位，低头。

1 拍：两脚跳成开立，同时两臂侧上举成上 V 手位。

2 拍：两臂胸前成屈臂 X 手位。

3 拍：两臂侧下举成下 V 手位。

4 拍：两脚跳成直立，同时两臂胸前屈成加油手位。

5 ~6 拍：左脚向左侧点地，同时左臂侧上举屈伸两次，右臂成下 M 手位。

7 拍：两脚还原成开立，同时两臂侧举成 T 手位。

8 拍：向右做 K 手位（左脚跟离地，左臂在下）。

2. 第二个八拍

1 ~2 拍：左脚并右脚成蹲立，左臂成下 M 手位，右臂平举，看向右手方向。

3 拍：上体左转 45°，右脚侧点地，同时两臂经屈成前 H 手位，拳心相对。（成持烛式）。

4 拍：还原成直立，两臂胸前平屈成短 T 手位。

5 ~8 拍：左脚、右脚依次踏步。5 拍，右臂上冲拳，左臂下冲拳；6 拍同 5 拍，方向相反；7 拍，胸前屈臂重叠；8 拍，双臂成下 H 手位。

3. 第三个八拍

1 拍：左脚向侧边一步（稍宽），前半拍左臂侧举，右臂胸前平屈成弓箭手位，后半拍左臂胸前平屈，右臂侧举成弓箭手位。

2 拍：左腿屈膝，右脚向左后一步。手臂同 1 拍前半拍动作。

3 ~4 拍：右脚向右侧一步，同时沉右髋，左脚尖点地。右手叉腰，左小臂向内做绕环一周至侧举。

5 拍：左脚收回成直立，两臂成前 X 手位。

6 拍：右脚侧点地，左臂位于体侧，右臂胸前平屈，头向左侧屈。

7 拍：右腿前吸，前半拍两臂侧上举成上 V；后半拍还原成直立，两臂成加油手位。

8 拍：右脚向侧边一步成右侧弓步，两臂侧下举成下 V 手位。

4. 第四个八拍

1 ~4 拍：左脚、右脚依次踏步。1 拍，两臂经屈成左手在上的斜线手位；2 拍，同 1 拍动作，方向相反；3 拍，两臂成 X 手位；4 拍，两臂上举成上 H 手位。

5 拍：上体左转 45°，两脚跳成左前弓步，左臂胸前平屈，右臂向斜下成冲拳手位。

6 拍：两脚跳成直立，两臂成加油手位。

7 拍：上体左转 90°，右脚向右后一步（屈膝，前脚掌着地），重心在左脚，两臂成左手在上的 K 手位。

8 拍：两脚成开立，左手叉腰，右臂经左向上绕至侧下举成下 V 手位。

5. 第五个八拍

1 拍：左脚向前迈步，两臂成加油手位。

2 拍：左腿屈膝，右腿侧点地，两臂成右下 L 手位。

3 ~4 拍：与 1 ~2 拍动作相同，方向相反。

5 拍：左脚向后迈步，左臂侧上举成上 V 手位，右手扶后脑。

6 拍：同 5 拍动作相同，方向相反。

7 ~8 拍：左脚、右脚依次踏步，两臂成下 M 手位。

6. 第六个八拍

1 拍：左脚向左一步，两臂成上 A 手位。

2 拍：左脚并右脚成蹲立，两臂成加油手位。

3 ~4 拍：同 1 ~2 拍动作，方向相反。

5 拍：两脚跳成开立，两臂成上 V 手位。

6 拍：两臂成下 V 手位。

7 拍：半蹲，两臂成 W 手位。

8 拍：两脚跳成直立，两臂成下 H 手位。

7．第七个八拍

1～4 拍：左脚、右脚依次踏步。1 拍，两臂成 W 手位；2 拍，两臂成屈臂 X 手位（右手在前）；3 拍，两臂胸前平屈重叠，低头，右手在上；4 拍，右臂上提至额前，左臂下拉至腹前，抬头。

5 拍：左脚向左侧迈出一步成开立，左臂侧平举，右臂胸前平屈成弓箭手位。

6 拍：上体右转 45°，左臂胸前平屈，右臂斜下冲拳手位。

7－8 拍：上体向左转 45°，左臂侧下举，右臂肩侧屈臂（大臂与小臂的夹角为 45°，拳心向内，小臂内旋）。

8．第八个八拍

1 拍：两脚跳成交叉立（右脚在前），两臂侧举成 T 手位。

2 拍：两臂成 W 手位。

3 拍：右臂前举，大拳眼向上。

4 拍：左臂前举成 X 手位（大拳眼向上）。

5 拍：半蹲，上体前屈，两手扶大腿，拳心向外（小拳眼朝前）。

6 拍：两脚跳成直立，两臂成上 A 手位。

7～8 拍：左脚、右脚踏步，两臂经屈至前举（两拳相靠），拳心相对。

8 拍：两臂经屈向下成下 H 手位。

第四节　啦啦操套路赏析

一、花球啦啦操赏析

以 2022 年全美大学生啦啦操锦标赛中俄亥俄州立大学花球成套动作为例。

花球啦啦操

成套动作音乐 BPM 为 145，根据编排风格，有多次变奏，呈现出节奏变化的多样性。成套动作内容丰富，动作变化快，完成干净利索。难度动作的编排合理，整体与局部相间元素丰富，完成质量高。转体类动作难度较高，出现了原地单个转体、原地复合及移动复合转体等动作，单个转体动作有丰富的手臂变化。一组由慢到快的阿拉 C 杠集体展示令人印象深刻，非常稳，一致性也强。横分腿跳、反身跨跳、纵跨跳、横跨跳等跳步的运用非常巧妙，丰富了空间层次。场地空间得到充分利用，队形变化快速多样，第二风格清晰呈现，是一个很好的成套组合，有很多值得学习的地方。

二、街舞啦啦操赏析

以 2022 年全美大学生啦啦操锦标赛中孟菲斯大学街舞啦啦操成套动作为例。

街舞啦啦操

成套动作主打 Hip-Hop 舞种，融合了 street jazz、breaking 元素，全套动作大致分为 5 个音乐段，大情境中有小情景。根据音乐的节奏和旋律来编排内容，对 bounce、wave、rock、roll、slide 等元素进行了巧妙组合，动作的复杂性强、变化快，展现了运动员极佳的身体控制能力。场上的队伍调动、队形变化快速高效，一些翻腾动作、空中位移有巧妙的设计，flow 和 freeze 的衔接和切换、动作节奏的变化、动作内容的卡点设计都非常合理，使得成套动作具有极佳的视觉效果。

三、爵士啦啦操赏析

以 2022 年全美大学生啦啦操锦标赛中俄亥俄州立大学爵士啦啦操成套动作为例。

爵士啦啦操

音乐是啦啦操的灵魂。俄亥俄州立大学爵士啦啦操成套动作的创编跌宕起伏，与音乐完美配合。开场的托举配合极具艺术之美，接二连三的小托举，体现了队员之间的紧密配合、团队协作能力。成套动作中不断出现单人高难度转体及柔韧平衡难度动作，突出了编排的层次感，更体现了个人能力。随着音乐的起伏，全员完成阿拉 C 杠的多花样变相转体连接一个地面动作，不但体现了整个队伍的难度动作完成实力，更是凸显了成套编排的空间意识。全员齐舞配合着音乐的节奏变化，加入站立与地面动作的层次性，体现了成套动作的一致性、空间性。后半段全员再次完成高难度的转体动作，在舞蹈后半段，体力快速下降的同时仍采用全员共同完成的方式，足以说明该队伍的整体实力。整个成套动作的创编与音乐紧密结合，多次在舞蹈动作中加入柔韧平衡动作、地面技巧动作以及托举配合动作，在突出队伍能力的同时也更具观赏性。在最后的聚拢队形部分，全员用肢体动作表现了一个唯美又不失勇敢的场景。

四、技巧啦啦操赏析

以2022年全美大学生啦啦操锦标赛中阿拉巴马大学技巧啦啦操成套动作为例。

技巧啦啦操赏析

在成套动作的开始，队伍采用托举和金字塔的形式，内容丰富多样。托举采用了集体展示的方式，上法则采用了倒置和翻腾的连接。金字塔的上下法和过渡连接增加了空翻和转体动作。翻腾都是全队共同参与且增加了空翻转体，动作完成干净利落，有很强的视觉冲击力和艺术感染力，极具观赏价值。

学习感悟

学习啦啦操是一个循序渐进的过程，能从中感受到身体由僵硬不协调慢慢变得柔软舒展，在身体逐渐打开的过程中，人也会从刚开始的紧张、局促慢慢变得放松自信起来。相信当每一次动感的韵律在耳边响起时，我们都会被啦啦操带来的活力感染。

思考题

1. 请简单阐述啦啦操的起源及其在我国的发展。
2. 啦啦操有哪些类型？啦啦操的功能价值是什么？
3. 啦啦操有哪些基本手位？请说出啦啦操 8 个基本手位并展示。
4. 请创编一组 4 ×8 拍手位组合动作。

第四章 健身瑜伽

本章导读

健身瑜伽作为一项时尚体育运动项目，具备了能够满足人们的身体健康需求的各项特点，为此，健身瑜伽也越来越受到人们的喜爱。在大学校园里，健身瑜伽尤其受到许多大学生的青睐。作为一项健身项目，健身瑜伽也逐渐被更多高校列入主要的体育教学内容。

通过本章的学习，学生能初步了解健身瑜伽的基本动作，感受健身瑜伽带来的美，同时养成终身锻炼的习惯。

学习目标

1. 了解健身瑜伽的概念、特点和功能，了解我国健身瑜伽运动的发展情况。
2. 了解健身瑜伽的体位标准和练习时的注意事项。
3. 掌握健身瑜伽体式训练的方法，能够根据自身情况，选择不同体式进行健身。

第一节　健身瑜伽简介

一、健身瑜伽的概念

瑜伽，是梵文“yoga”一词的音译，是一种古老的印度强身术，也是一门生命科学和生活哲学。它的起源可以追溯到古印度文明时期，至今已有5000多年的历史。瑜伽是一个通过提升意识水平帮助人类充分发挥潜能的体系，是人类智慧的结晶，也是一种非常古老的修炼方法，它集哲学、科学和艺术于一体。

健身瑜伽以促进身心健康为目的，通过体位训练、气息调控和心理调节等手段，改善体质、增强身体活力、延缓机体衰老，是体育养生的重要组成部分。

二、健身瑜伽在中国的发展

健身瑜伽在我国的流传，得益于一位瑜伽修炼者———张蕙兰。通过中央电视台，张蕙兰和瑜伽走入了千家万户，从此瑜伽深受人们的喜爱，张蕙兰也成了中国大陆家喻户晓的传奇人物。张蕙兰被大家亲切地称为当代中国的“瑜伽之母”。

2015年11月，经国家体育总局社会体育指导中心研究决定，成立了全国瑜伽运动推广委员会，负责全国瑜伽活动的开展，后陆续推出了《健身瑜伽108式体位标准》《健身瑜伽竞赛规则及裁判法（试行）》等行业标准，全力做好健身瑜伽的普及推广工作，引导健身瑜伽向健康、规范的方向发展。

第二节　健身瑜伽的体位标准及功能

一、健身瑜伽的体位标准

健身瑜伽的体位标准是以传统瑜伽为参考，结合我国国情与大众健身需求研究制定的。健身瑜伽体位包含基本体位 108 个、选修体位 72 个，共 180 个。体位标准按完成的难易程度由低向高划分为九级，一至六级为基本体位（基本体位另包含 6 个基础体式），七至九级为选修体位；其中一至三级各 16 式，四至六级各 18 式，七至九级各 24 式。各级体位、动作构成相应段位展演示范套路。体位类别分别为坐姿、前屈、后展、侧弯、扭转、倒置、平衡和其他形态，这将在第三节得到详细介绍。

二、健身瑜伽的功能

（一）平衡代谢，调理身体

我们在生活、学习、工作中，长时间处于坐姿状态，肩部、背部、腰部或多或少会有酸痛感，如果不及时拉伸舒缓，久而久之就会积劳成疾。瑜伽特有的柔韧拉伸体式动作可以很好地预防和缓解这类情况。坚持练习瑜伽可以调节身体的新陈代谢，促进体内的毒素排出，调理身体，将不良习惯对人体的伤害降到最低。此外，练习瑜伽还可以增强肌肤的弹性，具有延缓衰老的作用。

（二）减肥塑形，保持体形

练习瑜伽可以让锻炼者的肌肉变得更有弹性，让脂肪燃烧，因此对减肥是非常有帮助的。坚持瑜伽锻炼还可以消除多余赘肉，修饰全身线条，让身材更好。各种不同的瑜伽姿势锻炼，能够消除腰腹部、臂部、后背、腿部等部位多余的脂肪，同时还能通过各种体位，充分锻炼身体的肌肉与韧带，脊柱、骨盆及各部位的骨骼，从而帮助修饰人体的肌肉线条，纠正骨骼畸形、让身体挺拔有型。

（三）调节情绪，减轻压力

现代人生活节奏快，最明显地体现在情绪上，如烦躁、不安、紧张。很多人往往通过喝酒、唱歌、旅行等方式进行压力释放，其实瑜伽练习也是非常不错并值得推崇的调节情绪的方式。一方面，它可以调理身体，增强新陈代谢，以达到身体的修复；另一方面，它可以净化心灵，使人保持心平气和的状态。练习瑜伽时我们可以选择一曲舒缓、安静的音乐，穿上舒适的瑜伽服，在安静舒适的室内或是空气清新、阳光明媚的户外，和大自然来一次亲密接触，让我们的身心彻底放松。

（四）修心养性，优雅自信

瑜伽是一种安静的、亲近自然的运动，非常柔和又不失力量。练习时要内心平和。进行瑜伽练习时要有一个意识：既要放松自己，又要全身心投入。时间长了，这个意识会潜移默化地融入我们的生活中，使我们睡眠规律、饮食健康、情绪稳定、心平气和。坚持练习一段时间后，随着身体内在和外部的变化，你会发现自己变得更加自信、优雅，不再那么自卑和害羞。当我们明白生理、心理方面的健康是融为一体的，不能被分割处理时，自然会对生命有更透彻的了解。

第三节 健身瑜伽基本体位

以下我们选取八类体位中有代表性的体式进行介绍。

一、坐姿类

（一）简易坐（图 4-3-1）

图 4-3-1 简易坐

1. 做法

（1）山式坐姿。

（2）两腿收回交叉，两脚分别置于大腿或膝下；两手呈智慧手印落于膝上，脊柱伸展；目视正前方。

（3）保持几组呼吸，然后还原。

2. 呼吸

保持自然呼吸。

3. 功效

增强髋、膝、踝关节的灵活性。

4. 要点

髋外展，脊柱中正，肩部后展下沉。

（二）金刚坐（图 4-3-2）

1. 做法

（1）跪姿。

（2）两膝并拢，两脚大脚趾重叠或并拢，足跟分开，臀部坐在两足跟之间；腰背挺直，两肩自然下沉，两手置于大腿前侧；目视正前方。

图 4-3-2　金刚坐

2. 呼吸

保持自然呼吸。

3. 功效

促进骨盆区域血液循环，有助于消化，灵活下肢关节，安定情绪。

4. 要点

臀部在两足跟之间，腰背自然挺直。

（三）肩旋转练习（图 4-3-3）

1. 做法

（1）山式坐姿。

（2）双手指尖自然搭在肩头，双肘自体侧自然垂落；以肩膀为中心，双肘画大大的圆。

（3）保持几组呼吸，然后还原。

2. 呼吸

吸气，双肘向前向上环绕，肘尖相触；呼气，双手手背颈后相触。

3. 功效

放松两肩膀关节，舒缓肩胛骨周围的区域。

4. 要点

肩胛骨尽量相触，开肩挺胸。

图 4-3-3　肩旋转练习

小贴士

如果练习时未能很好地完成开髋盘坐，则会错误地将压力给到膝关节，这很容易伤到膝，盘坐时应把注意力放在髋关节的外旋上，以减少膝关节的压力。

二、前屈类

（一）增延脊柱伸展式（图 4-3-4）

1. 做法

（1）山式站姿。

（2）两臂从两侧上举，上臂靠近双耳，掌心向前；延伸脊柱，髋屈曲，双手抓住脚踝，保持躯干伸展；目视下方。

（3）保持几组呼吸，然后还原。

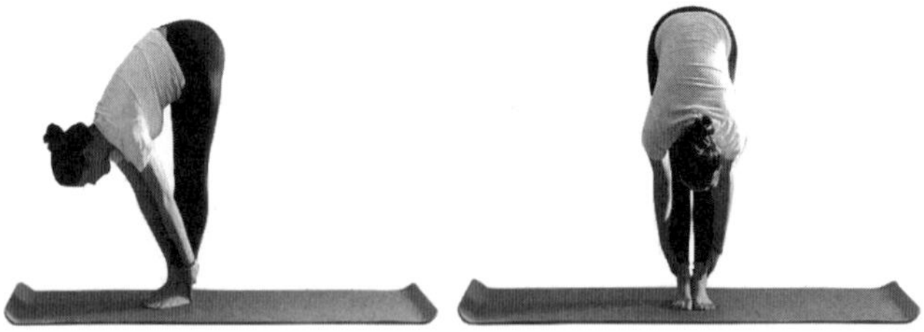

图 4-3-4　增延脊柱伸展式

2. 呼吸

吸气时延伸脊柱，呼气时身体前屈。

3. 功效

增强腹部器官功能，促进消化。

4. 要点

腿后侧肌肉充分伸展，避免膝关节过伸，背部平直，头部不可过分后仰。患有椎间盘疾病者不宜练习此式。

（二）锁腿式（图 4-3-5）

1. 做法

（1）仰卧。

（2）屈右膝，双手十指相交于右小腿胫骨中部；两肘内收，右大腿紧贴腹部，两脚背绷直，头部、上背部抬起，鼻尖触右膝。

图 4-3-5　锁腿式

（3）保持几组呼吸，然后还原。

2. 呼吸

吸气时准备，呼气时大腿贴近躯干。

3. 功效

增强内脏器官功能，促进消化，缓解便秘，减少腹部脂肪。

4. 要点

脚面绷直，伸直腿用力下沉贴地，屈膝腿紧贴腹部，患有椎间盘疾病者不宜练习此式。

（三）站立前屈伸展式（图 4-3-6）

1. 做法

（1）山式站姿。

（2）两臂从两侧上举，上臂靠近双耳，掌心向前，延伸脊柱；髋屈曲，两手放在两脚两侧，掌根对齐足跟，屈肘，腹、胸、额依次贴近双腿。

（3）保持几组呼吸，然后还原。

图 4-3-6　站立前屈伸展式

2. 呼吸

吸气时延展脊柱，呼气时躯干贴腿。

3. 功效

增强腹部器官功能，促进消化，拉伸背部及腿后侧肌群。

4. 要点

两手放在两脚两侧，肘部指向后方，背部平展，下肢垂直于地面，膝关节避免过伸。

（四）束角式（图 4-3-7）

1. 做法

（1）山式坐姿。

（2）屈双膝，脚掌相合，脚跟近会阴，十指交叉抓握脚背，大腿外旋，双膝下沉；脊柱伸展，身体前屈，双肘平放于地面，额头触地，坐骨下沉。

图 4-3-7　束角式

（3）保持几组呼吸，然后还原。

2. 呼吸

吸气时延展脊柱，呼气时身体前屈。

3. 功效

促进骨盆和腹部区域的血液循环，缓解坐骨神经痛。

4. 要点

坐骨下压，脚跟靠近会阴，背部充分伸展，双膝、肘部及额头触地。

三、后展类

（一）蛇伸展式（图 4-3-8）

1. 做法

（1）俯卧。

（2）两臂向后伸展，十指交叉、掌跟相触，头和胸部抬离地面；收紧大腿内侧，脚背压实地面；目视前方。

图 4-3-8　蛇伸展式

（3）保持几组呼吸，然后还原。

2. 呼吸

吸气时抬起头和胸部，呼气时回落。

3. 功效

强化背部肌群，缓解腰部不适，按摩腹内脏器，促进消化，改善扣肩、驼背等不良体态。

4. 要点

肚脐以下贴地，胸腔充分上提，背部后展，头不要过度后仰。

（二）简易展背式（图 4-3-9）

1. 做法

（1）金刚坐姿。

（2）身体后倾，两手置于臀部后方约一个手掌处撑地，指尖朝前；旋肩、身体后展，扩展胸部；目视前上方。

图 4-3-9　简易展背式

（3）保持几组呼吸，然后还原。

2. 呼吸

吸气时身体后展，呼气时还原。

3. 功效

扩展胸部，放松肩关节和骨盆关节，滋养脊柱神经，消除紧张情绪。

4. 要点

胸腔上提后展，手臂与地面垂直，头部不可过度后仰，肘关节不可过伸。

（三）鱼式（图 4-3-10）

1. 做法

（1）仰卧。

（2）肘内收，下压支撑地面，胸腔上提，颈部后仰，头顶着地；双腿伸直，脚面绷直，整个背部形成弓形。

图 4-3-10　鱼式

（3）保持几组呼吸，然后还原。

2. 呼吸

吸气时胸腔上提，呼气时还原。

3. 功效

舒展胸部和颈部，强化肩部、背部肌群，缓解抑郁情绪和压力。

4. 要点

胸腔充分上提、展开，头顶触地。患严重颈部疾病者不宜练习此式。

小贴士

在做任何后展之前，要调息和放松。放松可提高机体的警觉性，促使身体僵硬和紧张部位松弛，同时也使体内的紧张与松弛表现出来。后仰时更要注意脊柱的伸展感和空间感，做到适可而止。

四、侧弯类

（一）风吹树式（图 4-3-11）

1. 做法

（1）山式站姿。

（2）双手从两侧向上至头顶合掌，躯干向右侧弯；目视前方。

（3）保持几组呼吸，然后还原。

2. 呼吸

吸气时伸展，呼气时侧弯。

3. 功效

均衡伸展躯干两侧，缓解肩背部不适。

4. 要点

头在两臂之间，保持髋部中正，身体在同一平面。

图 4-3-11　风吹树式

（二）三角伸展式（图 4-3-12）

1. 做法

（1）山式站姿。

（2）两脚分开，约两肩半宽，右脚向右转90°，左脚内收15°～30°；两臂侧平举，躯干向右侧延伸弯曲，右手掌置于右脚外侧地面，左臂上举，两臂成一条直线垂直于地面，目视上方指尖。

（3）保持几组呼吸，然后还原。

图 4-3-12　三角伸展式

2. 呼吸

吸气时手臂抬起，呼气时躯干侧弯。

3. 功效

增强膝、踝关节稳定性，伸展腿部内侧、后侧，侧腰及手臂肌群。

4. 要点

身体在同一平面，前脚足跟与后脚足弓在一条直线上，两臂成一直线垂直于地面。

（三）门闩式（图4-3-13）

1. 做法

（1）金刚坐姿。

（2）跪立，将左腿向左侧打开，脚尖指向正左方，脚跟与右膝在一条直线上，右大腿垂直于地面；两臂侧平举，延展脊柱，身体向左侧屈，左手掌心向下放于左脚背，右臂外旋上举贴耳，充分侧屈，使双手掌贴合，体侧贴近左腿。

图4-3-13　门闩式

（3）保持几组呼吸，然后还原。

2. 呼吸

吸气时延展脊柱，呼气时身体侧屈。

3. 功效

伸展体侧肌肉，强化脊柱神经，消除背部酸痛，按摩腹脏器官。

4. 要点

躯干与两大腿在同一平面，屈膝支撑腿与地面保持垂直，双手合掌贴于一侧脚面。膝关节有疾病者谨慎练习。

小贴士

侧弯类体式要注意左右侧保持时间的均等和幅度的对称，避免人为造成脊柱C弯。同时，注意不要翘臀压腰以及过度挺胸，保持脊柱的中立位。

五、扭转类

(一) 站立腰躯扭转式(图 4-3-14)

1. 做法

(1) 山式站姿。

(2) 两腿分开，略比肩宽，两臂侧平举；身体向右后方转动，右手背于腰后，左手扶住右肩；目视后方。

(3) 保持几组呼吸，然后还原。

图 4-3-14 站立腰躯扭转式

2. 呼吸

吸气时伸展，呼气时扭转。

3. 功效

增强肩部、腰部、背部肌肉的灵活性，刺激脊柱神经，缓解腰背疼痛。

4. 要点

骨盆中正，两肩在同一平面，两膝与脚尖指向正前方，自腰椎以上扭转。椎间盘突出及脊柱严重侧弯者谨慎练习。

(二) 扭脊式(图 4-3-15)

1. 做法。

(1) 山式坐姿。

(2) 屈左膝，右脚置于左膝外侧，脚尖与左膝成一条直线，脚掌踩实地面，屈右膝，左脚置于右臀外侧；左手臂经外侧向上延伸，身体向右侧扭转，左腋窝抵住右膝外侧，左手抓住右脚掌(踝)，右手掌置于臀部正后侧，背部伸展，脊柱垂直于地面；转头，目视后方。

图 4-3-15 扭脊式

（3）保持几组呼吸，然后还原。

2. 呼吸

吸气时伸展，呼气时扭转。

3. 功效

加强脊柱的伸展，增强脊柱的灵活性，促进血液循环，按摩腹部。

4. 要点

后侧手放在臀部正后方，下颌、双肩在同一平面，脊柱充分伸展，扭转时应保持骨盆稳定，臀部压实地面。

（三）仰卧扭脊式（图 4-3-16）

1. 做法

（1）仰卧。

图 4-3-16　仰卧扭脊式

（2）两臂侧平展，掌心向下置于地面；屈右膝，右脚置于左大腿上，脚尖与左膝对齐，左手置于右膝上；右膝带动脊柱转向左侧贴地，头部转向右侧，双肩尽量下沉；目视右手中指方向。

（3）保持几组呼吸，然后还原。

2. 呼吸

吸气时准备，呼气时扭转。

3. 功效

增强脊柱的灵活性，按摩腹部，促进血液循环，放松背部肌群。

4. 要点

双肩不离开地面，屈膝腿内侧贴地，头转向相反方向。

小贴士

做扭转动作时也要关注脊柱的提拔，这主要是由于当脊柱在平面间扭转超过 16° 时，会加剧腰椎间盘凸出或脱出的危险。为了避免运动损伤，练习时一定要收紧腹背肌群，让脊柱在提拔的情况下柔和扭转。

六、倒置类

（一）下犬式（图 4-3-17）

1. 做法

（1）金刚坐姿。

（2）身体前倾，两手置于前下方，两臂、两腿置地，两脚分开，与坐骨同宽；脚尖回勾落地，伸直双膝，臀部上提，足跟下压。

图 4-3-17 下犬式

（3）保持几组呼吸，然后还原。

2. 呼吸

吸气时臀部上提，呼气时足跟下压。

3. 功效

拉伸背部和腿部后侧肌群，增强手臂力量，改善头部血液循环，缓解疲劳。

4. 要点

两脚分开与坐骨同宽，脚跟压地，两臂、头颈、后背保持在同一平面。高血压患者或血糖偏低者谨慎练习。

（二）犁式（图 4-3-18）

1. 做法

（1）仰卧。

（2）两臂下压，臂部用力抬起双腿，臀部、背部抬高离开地面，双腿越过头顶，脚尖回勾点地；屈双肘并内收撑地，两手推送上背部，保持背部直立。

图 4-3-18 梨式

（3）保持几组呼吸，然后还原。

2. 呼吸

吸气时准备，呼气时抬腿越过头顶，双脚尖落地。

3. 功效

加强颈部、肩部力量，按摩腹部，放松背部肌群，改善血液循环。

4. 要点

后背展平并垂直于地面，两肘内收撑地与肩同宽，脚尖回勾点地。患颈椎病、椎间盘突出和高血压者不宜练习此体式。

（三）肩倒立式（图 4-3-19）

图 4-3-19　肩倒立式

1. 做法

（1）仰卧。

（2）两臂下压，腹部用力抬起双腿，臀部、背部抬离地面；同时屈肘，与肩同宽，两手掌推送腰背部，使躯干、双腿成一条直线与地面垂直，脚尖回勾，脚掌心向上，下颌微收抵住锁骨；目视脚尖方向。

（3）保持几组呼吸，然后还原。

2. 呼吸

吸气时准备，呼气时双腿向上。

3. 功效

加强颈部、肩部力量，放松背部肌群，改善血液循环。

4. 要点

后背展平与双腿成一直线垂直于地面，双肘内收撑地与肩同宽，脚掌心向上。患颈椎病、椎间盘突出和高血压者不宜练习此体式。

小贴士

女性在生理期应注意避免这样的体式，不要使骨盆倒置；颈、肩、腰、背受过损伤者也不宜轻易尝试这样的体式，最好在有经验的瑜伽教练的引导下量力而行。

七、平衡类

（一）摩天式（图 4-3-20）

1. 做法

（1）山式站姿。

（2）两脚分开，与肩同宽，双手体前十指交叉并翻掌向上举至头顶，伸直双臂；同时提踵，目视前方。

图 4-3-20　摩天式

（3）保持几组呼吸，然后还原。

2. 呼吸

吸气时伸展，呼气时还原。

3. 功效

伸展脊柱，促进肩部、背部血液循环，有助于缓解疲劳。

4. 要点

骨盆中正，充分伸展腰背，双肩下沉，头部保持位于两臂之间。

（二）树式（图 4-3-21）

1. 做法

（1）山式站姿。

（2）屈右膝，将右脚置于左大腿内侧，脚跟靠近会阴，髋外展，双手合掌于胸前，或伸展至头顶上方；目视前方。

图 4-3-21　树式

（3）保持几组呼吸，然后还原。

2. 呼吸

吸气时伸展，呼气时还原。

3. 功效

缓解肩部不适，增强脚踝与腿部肌肉力量，提高身体平衡能力和专注度。

4. 要点

脚掌置于对侧大腿根部，骨盆保持中正，身体在同一平面，脊柱充分向上伸展。

（三）船式（图 4-3-22）

1. 做法

（1）仰卧。

（2）双手、双脚和躯干同时上抬，重心位于坐骨，两臂向前伸直，掌心向下，脊柱延伸，背部展平；目视脚尖方向。

图 4-3-22　船式

（3）保持几组呼吸，然后还原。

2. 呼吸

吸气时准备，呼气时抬起。

3. 功效

增强腹部肌肉力量，使腹部紧实。

4. 要点

两臂与脚尖等高且平行，脚尖向前，后背平直。

小贴士

任何平衡的姿势，首先平衡的是心、思绪，然后才是身体。如果你想在平衡协调类的体式中保持较好状态，最大的窍门就是将注意力放在当下要做的体式上，别走神。

八、其他类

（一）婴儿式（图4-3-23）

1. 做法

（1）金刚坐。

（2）屈髋，腹部贴于大腿，额头触地，或将头转向另一侧并贴地；双手放于双脚两侧，掌心向上；两眼微闭。

图4-3-23　婴儿式

2. 呼吸

保持自然呼吸。

3. 功效

放松身心，舒缓腰背。

4. 要点

臀部落于脚跟，可作为后展体式的恢复放松姿势。

（二）大拜式（图 4-3-24）

1. 做法

（1）金刚坐姿。

（2）双手从两侧向上延伸，高举过头顶；屈髋，上体自然伸展向前，双手及前臂置于地面，掌心向下，额头触地；两眼微闭。

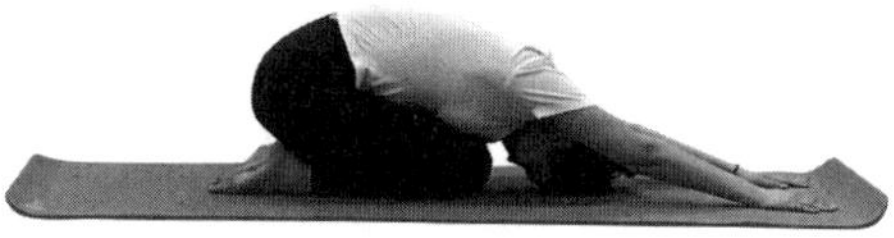

图 4-3-24　大拜式

（3）保持几组呼吸，然后还原。

2. 呼吸

吸气时上体向上伸展，呼气时上体向下、向前伸展。

3. 功效

放松整个身体，按摩腹部内脏，促进背部伸展。

4. 要点

大幅度屈髋、屈膝，两膝可略分，身体舒展前伸。

（三）猫伸展式（图 4-3-25）

1. 做法

（1）金刚坐姿。

（2）身体前倾，双手置于肩下方，指尖与肩上下对齐，两膝与髋同宽；脊柱逐节伸展，扩展胸腔，然后收腹、拱背；目视肚脐方向。

（3）保持几组呼吸，然后还原。

2. 呼吸

吸气时伸展，呼气时拱背。

3. 功效

增强脊柱灵活性，放松肩颈。

4. 要点

手臂垂直于地面，脚背压实于地面；伸展时，大腿始终垂直于地面。

图 **4-3-25** 猫伸展式

(四) 幻椅式(图 4-3-26)

1. 做法

(1) 山式站姿。

(2) 两臂从两侧上举至头顶合掌,屈膝,手臂、背部保持平直;目视前方。

(3) 保持几组呼吸,然后还原。

2. 呼吸

吸气时伸展,呼气时下蹲。

3. 功效

缓解肩部不适,矫正不良姿势,增强脚踝、腿部肌肉力量,伸展背部,扩展胸腔。

图 **4-3-26** 幻椅式

4. 要点

膝关节不超过脚尖,后背平直且与两臂在同一平面,头在两臂之间;避免塌腰、翘臀。

(五) 简易鸽式(图 4-3-27)

1. 做法

(1) 金刚坐姿。

(2) 身体前倾,两手置于肩下方,两臂、大腿垂直于地面;屈右膝并向前移送,臀部落于两臂之间,右膝指向正前方,右足跟抵近耻骨,左腿伸展压实地面,手臂支撑于地面,脊柱伸展;目视前方。

图 **4-3-27** 简易鸽式

（3）保持几组呼吸，然后还原。

2. 呼吸

吸气时伸展，呼气时保持沉髋。

3. 功效

拉伸臀部和腿部肌群，灵活髋、膝、踝关节，缓解脊柱压力。

4. 要点

屈膝时膝关节指向正前方，骨盆中正下沉，胸腔打开，延展脊柱。

（六）牛面式（图 4-3-28）

1. 做法

（1）山式坐姿。

（2）两腿屈膝交叠，左膝位于右膝正上方，脚跟贴近臀部两侧，脚心向后；左臂经体侧向上举过头顶，屈肘，左手掌心贴于后背，同时右臂经体侧打开向后旋绕，屈肘，双手在背后相扣，脊柱延伸；抬头，目视前方。

（3）保持几组呼吸，然后还原。

2. 呼吸

保持自然呼吸。

3. 功效

缓解疲劳，灵活肩颈、四肢关节，强化背部力量。

4. 要点

两膝重叠，上下成一条直线，脚跟贴臀部外侧，上方肘与头、颈成一条直线，臀部两侧均匀着地。

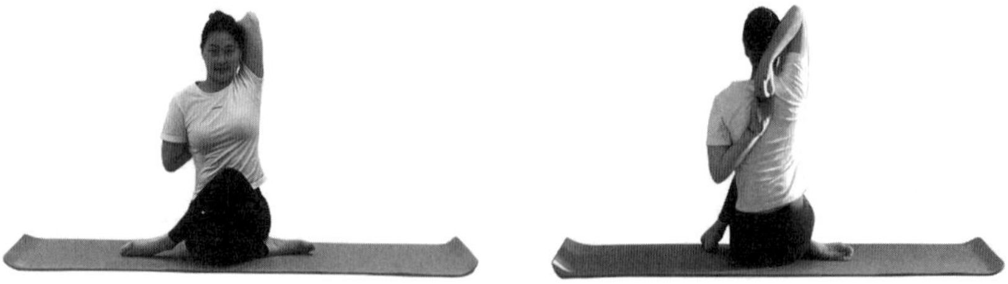

图 4-3-28　牛面式

（七）叩首式（图 4-3-29）

1. 做法

（1）金刚坐姿。

（2）屈髋，腹部贴于大腿前侧，前额触地；双手抓握小腿，重心前移，抬起臀部，大腿垂直于地面，头部触地。

（3）保持几组呼吸，然后还原。

2. 呼吸

吸气时延展脊柱，呼气时前屈。

3. 功效

改善头疼、失眠，促进头部血液循环，是练习头倒立式前较好的基础体式。

4. 要点

大腿垂直于地面，两手臂伸直抓握小腿，保持小腿压实垫子，颈椎、脊柱均匀伸展。患有高血压、眩晕症者或头部有外伤者不宜练习此式。

图 4-3-29 叩首式

第四节 健身瑜伽套路练习

一、拜日式

（一）练习方法

拜日式是健身瑜伽体位练习的初级入门体式，即向太阳致敬的 12 个姿势，据说是古印度人为感谢太阳赐予人类光明和能量而创编的。它可用于热身，有利于舒展身体、平和内心，如图 4-4-1 所示。

1. 祈祷

2. 展臂

3. 前屈

4. 骑马

5. 顶峰

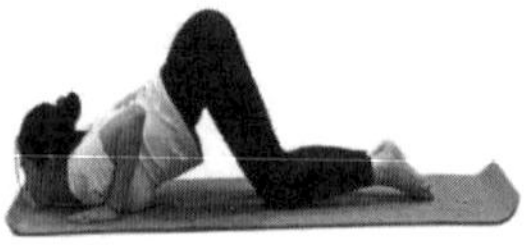

6. 八体投地

7. 眼镜蛇

8. 顶峰

9. 骑马

10. 前屈

11. 展臂

12. 祈祷

图 4-4-1　拜日式

（二）瘦身功效

拜日式是一组身心练习，它包括了体位练习、调息练习和冥想（意念）练习。12个体式练习能够使人们的精力充沛，还可以强化脊神经、开阔肺叶、伸展腹部脏器、促进消化、消除多余脂肪，更好地保持健康，充满活力。

（三）练习技巧

（1）练习者不能急于求成，要根据自身情况，逐个动作慢慢练习，待全部动作熟练后，再做完整的练习。

（2）在条件允许的情况下，每天要重复多做几次，尤其是时间紧张时，更应该加做几次拜日式动作练习。

（3）在练习的过程中，要注意呼气、吸气的时机和节奏，不能屏住呼吸。

（4）练习一套完整的拜日式动作，时间控制在10～15分钟。

（5）在练习的过程中，有些动作无法完成，就不要勉强。尽量伸展你的身体，达到练习的效果。

小贴士

倡导人与自然和谐统一

瑜伽拜日式的起源为朝拜太阳，因为宇宙万物都要依靠太阳生存。瑜伽拜日式是瑜伽基础动作搭配呼吸完成一次完整的成套动作组合，可以使你从头到脚伸展开来，是一种调适全身的热身运动。拜日式能够稳定身心，使人觉得精力充沛、心情愉快，还具有强化心肺功能的作用。总之，拜日式使人与自然和谐统一，促进身心健康发展。

二、展演示范套路一段（16式）

（一）简易坐

展演示范套路一段

山式坐姿，两腿收回交叉分别置于大腿或膝下，两手呈智慧手印落于膝上，脊柱伸展；目视正前方。（图4-4-2）

（二）直角式

两手体前十指交握并上举过头，上臂贴耳侧；髋屈曲，躯干、手臂与地面平行；目视下方。（图 4-4-3）

图 4-4-2　简易坐

图 4-4-3　直角式

（三）展臂式

山式站姿，两臂从身体两侧向上伸展至头顶，掌心向前；胸骨上提打开胸腔，以手臂带动躯干向后上方伸展；目视上方。（图 4-4-4）

（四）单臂风吹树式

山式站姿，左臂经体侧向上伸展，掌心向内；身体向右侧弯；转头，目视上方。（图 4-4-5）

图 4-4-4　展臂式

图 4-4-5　单臂风吹树式

（五）风吹树式

山式站姿，双手从两侧向上至头顶合掌，躯干向右侧弯；头部侧弯，目视前方。（图 4-4-6）

（六）站立腰躯扭转式

山式站姿，两腿分开，略比肩宽，两臂侧平举；身体向左后方转动，左手背于腰后，右手扶住左肩；目视后方。（图 4-4-7）

图 4-4-6　风吹树式

图 4-4-7　站立腰躯扭转式

（七）摩天式

山式站姿，两脚分开，与髋同宽；双手体前十指交叉并翻掌向上举至头顶，伸直双臂，同时提踵；目视前方。（图 4-4-8）

（八）鳄鱼式

俯卧，臂向前伸直，抬起头部；两臂屈肘分开，与肩同宽，肘关节支撑地面，双手手掌托住下颌；闭上双眼或平视前方。（图 4-4-9）

图 4-4-8　摩天式

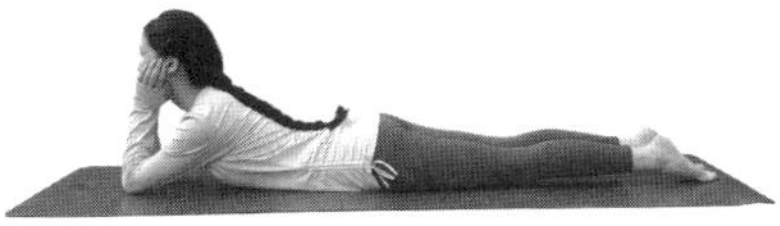
图 4-4-9　鳄鱼式

（九）大拜式

金刚坐姿，双手从两侧向上延伸，高举过头顶；髋屈曲，上体自然伸展向前，双手及前臂放于地面，掌心向下，额头触地；两眼微闭。（图 4-4-10）

（十）摇摆式

仰卧，屈膝团胸；双手交叉环抱小腿于胫骨中段，沿脊柱前后摇摆数次（也可左右摇摆，两腿外侧贴向地面）；目视前方。（图 4-4-11）

图 4-4-10　大拜式

图 4-4-11　摇摆式

（十一）蹬车式

仰卧，双腿上抬垂直于地面，依次交替屈膝、伸直，向前、向后做动态蹬车运动；几组之后，双腿并拢同步屈膝、伸直，向前、向后做动态蹬车运动。（图 4-4-12）

（十二）骑马式

金刚坐姿，跪立；右腿向前迈一大步，双手置于前脚两侧，左腿膝盖和脚趾着地，髋部前推下沉，脊柱充分伸展；目视前方。（图 4-4-13）

图 4-4-12　蹬车式

图 4-4-13　骑马式

（十三）斜板式

金刚坐姿，身体前倾，双手置于肩下方，两臂、大腿垂直于地面；两腿依次向后

伸直，脚趾点地，身体成一直线；目视前下方。（图 4-4-14）

（十四）猫伸展式

金刚坐姿，身体前倾，双手置于肩下方，指尖与肩上下对齐，两膝与髋同宽；脊柱逐节伸展，扩展胸腔，然后收腹、拱背；目视肚脐方向。（图 4-4-15）

图 4-4-14　斜板式

图 4-4-15　猫伸展式

（十五）上伸展式

仰卧，双腿抬起与地面垂直（在双腿抬起与放下的过程中，也可分段停留，增加强度）；目光平视。（图 4-4-16）

（十六）简易蝗虫式

俯卧，双手掌心向下，置于大腿前侧；左腿保持伸直平压地面，右腿尽量伸直抬高，右髋下沉。（图 4-4-17）

图 4-4-16　上伸展式

图 4-4-17　简易蝗虫式

三、展演示范套路二段（16式）

（一）平常坐

展演示范套路二段

山式坐姿，屈左膝，将左脚跟抵靠在会阴处，屈右膝，将右脚放在左脚前方，右脚跟贴近左脚背；目视前方。（图4-4-18）

（二）增延脊柱伸展式

山式站姿，两臂从两侧上举，掌心向前，延伸脊柱；髋屈曲，双手抓住脚踝，保持躯干伸展；目视下方。（图4-4-19）

图**4-4-18**　平常坐

图**4-4-19**　增延脊柱伸展式

（三）人面狮身式

俯卧，双手放在头部两侧，指尖与头顶在一条直线上；肘内收，压实地面，头和胸腔抬起，上臂与地面垂直；目视前方。（图4-4-20）

（四）新月式

金刚坐姿，跪立，右腿向前迈一大步，双手置于前脚两侧，左腿的膝和脚背着地，髋部前移下沉；两臂经身体两侧向上抬起至头顶合掌，脊柱充分后展；目视前上方。（图4-4-21）

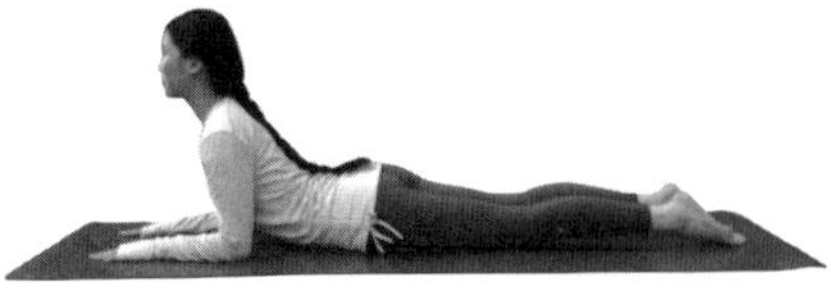

图**4-4-20**　人面狮身式

图**4-4-21**　新月式

（五）三角伸展式

山式站姿，两脚分开约两肩半宽，右脚向右转 90°，左脚内收 15° ~ 30°，两臂侧平举；躯干向右侧延伸弯曲，右手掌置于右脚外侧地面，左臂上举，两臂成一条直线垂直于地面：目视上方指尖。（图 4-4-22）

（六）侧角伸展式

山式站姿，两脚分开，约两肩半宽，右脚向右转 90°，左脚内收约 30°，两臂侧平举；屈右膝，躯干向右侧延伸弯曲，右手掌置于右脚外侧地面，左臂伸展与躯干成一条直线；转头目视上方。（图 4-4-23）

图 4-4-22　三角伸展式

图 4-4-23　侧角伸展式

（七）直角转动式

山式站姿，两脚分开，略比肩宽，两手体前十指交叉、翻掌向外，两臂举至头顶上方；髋屈曲，躯干平行于地面，向左、右水平摆动至极限；目视下方。（图 4-4-24）

（八）半三角扭转式

山式站姿，两脚分开，约两肩半宽，两手侧平举；髋屈曲，左手置于胸部正下方撑地，左臂垂直于地面，延展脊柱，右臂带动脊柱向右上方扭转；目视右手指尖方向。（图 4-4-25）

图 4-4-24　直角转动式

图 4-4-25　半三角扭转式

（九）下犬式

金刚坐姿，身体前倾，两手置于肩下方，两臂、大腿垂直于地面，两脚分开，与坐骨同宽；脚尖回勾落地，伸直双膝，臀部上提，足跟下压。（图 4-4-26）

（十）半舰式

山式坐姿，屈双膝，大腿贴近腹部，以坐骨为支撑点，收腹、抬起双脚，小腿平行于地面；双手向前伸直，掌心相对，且与小腿平齐，腰背立直；目视前方。（图 4-4-27）

图 4-4-26　下犬式

图 4-4-27　半舰式

（十一）鱼戏式

俯卧，十指交叉置于头下，头侧转，同侧腿屈膝，躯干侧弯，肘膝相触；眼睛微闭。（图 4-4-28）

（十二）推磨式

山式坐姿，两臂前平举，十指交握；以腰骶区为原点，手臂带动身体按顺时针、逆时针画圈（如同推磨）；目视前方。（图 4-4-29）

图 4-4-28　鱼戏式

图 4-4-29　推磨式

（十三）幻椅式

山式站姿，两臂从两侧上举至头顶合掌，屈膝，大腿尽量与地面平行，手臂、背部保持平直；目视前方。（图 4-4-30）

（十四）简易鸽式

金刚坐姿，身体前倾，两手置于肩下方，两臂、大腿垂直于地面；屈右膝并向前移送，臀部落于两臂之间，右膝指向正前方，右足跟抵近耻骨，左腿伸展压实地面，手臂支撑并垂直于地面，脊柱伸展；目视前方。（图 4-4-31）

图 4-4-30　幻椅式

图 4-4-31　简易鸽式

（十五）蝴蝶式

山式坐姿，屈双膝，脚掌相合，脚跟靠近会阴；十指交叉抓握脚背，躯干直立，两膝上提、下沉，反复练习；目视前方。（图 4-4-32）

（十六）八体投地式

金刚坐姿，身体前倾，两手置于肩下方，两臂、大腿垂直于地面；脚尖着地，身体前移，屈肘，胸部落于两手之间，下颌、两手、胸部、两膝及两脚尖八个部位与地面接触。（图 4-4-33）

图 4-4-32　蝴蝶式

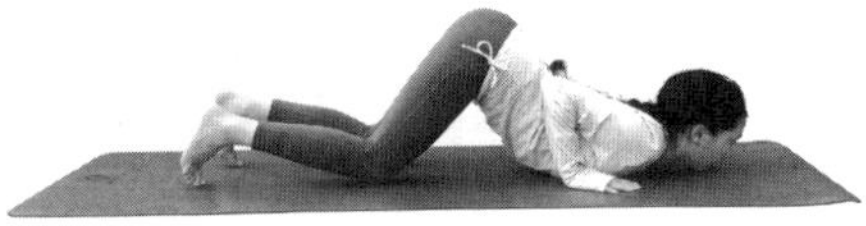

图 4-4-33　八体投地式

第五节　健身瑜伽练习注意事项

瑜伽是全身性的运动，没有年龄的限制，任何人都可以学习。在练习时，有几点要特别注意：保持空腹、轻装、热身、练习前后不洗浴、动作舒缓等。此外，还要保持健康、规律的生活。

（一）保持空腹

瑜伽一定要空腹练习。如果胃里有食物，练习时就会感觉身体沉重，不能充分扭转、伸展身体，练习效果不佳。瑜伽练习后过半个小时可以饮食。

（二）轻装

练习瑜伽时要穿宽松舒适的衣裤，不要穿有腰带的裤子，材质最好是棉质的，运动服或休闲服都是很好的选择。同时，取下所有饰物，光脚。女性宜去掉胸衣、束腹带等；男士宜去掉皮带，摘掉手表，使身体保持舒适自然。

（三）热身

练习前的热身很重要，它能让你把注意力集中到呼吸上，并通过深呼吸增加吸入的氧气，从而增强体力，为练习瑜伽做准备。一开始不要做高难度的动作，循序渐进，以免造成运动伤害。

（四）练习前后不洗浴

洗浴、桑拿前后 30 分钟内不宜做瑜伽。练习之后 10 分钟内不要洗浴，最好等到心率恢复正常之后再洗浴。一般练习瑜伽动作时毛细血管会扩张，若在此前后洗浴，会使血液循环加快，增加心脏的负担。

（五）动作舒缓

瑜伽练习不可操之过急，练习过程中要配合呼吸，动作要尽量舒缓，要保持整体动作的平衡。动作不要过度，感觉不舒服应立即停止。

（六）健康、规律的生活

练习瑜伽不只是进行身体和心灵的锻炼，更是过一种健康、规律、纯净的生活，因为它提供了健康的生活规范，比如戒掉坏习惯，规律生活，对生活持宽容的态度等。

小贴士

健身瑜伽还有很多拓展功能，如表 4-6-1 所示。

表 4-6-1　健身瑜伽的拓展功能

功效	理疗肩颈	舒缓痛经	调理脾胃	矫正驼背	调整睡眠	缓解焦虑
体式名称	肩旋转练习	束角式	增延脊柱伸展式	蛇伸展式	婴儿式	简易展背式
	站立腰躯扭转式	扭脊式	锁腿式	摩天式	金刚坐	鱼式
	树式	仰卧扭脊式	站立前屈伸展式	猫伸展式	大拜式	下犬式
	牛面式	骑马式	眼镜蛇式	幻椅式	叩首式	简易鸽式

学习感悟

1. 某生：大学里第一次选课，我选了自己主动想学好的一门课——瑜伽。我得承认，我选瑜伽也是有偷懒的目的，我身体柔软度好，这门课又是室内教学，应该非常轻松。但真正接触瑜伽后，我意识到我的认识太浅显了，瑜伽是一门艺术，是一门学问，我选对了。

2. 某生：学习健身瑜伽不是单纯地学习体位动作，而是全身心地去感受，在不断的练习中改善生理、心理、情感和精神状态，逐步让我们的身、心、精、气达到和谐统一。

思考题

1. 简述健身瑜伽的功效。
2. 简述健身瑜伽练习的注意事项。
3. 简述健身瑜伽的体位标准分类。
4. 请说出拜日式的12个体式的名称，并简述拜日式的练习技巧。
5. 请找出理疗肩颈的三个练习体式。

第五章 体育舞蹈

本章导读

体育舞蹈是集舞蹈与运动于一体的体育项目，它包含标准舞和拉丁舞两大系列。优美的音乐、华丽的服装、动感的舞步赋予了它无与伦比的生命力。通过本章的学习，学生能充分了解体育舞蹈的起源、发展以及基本的分类和特点，掌握两大系列体育舞蹈的基本运步技巧，充分领略这项运动的魅力。

学习目标

1. 了解体育舞蹈的起源、分类及特点。
2. 熟悉体育舞蹈的相关术语。
3. 掌握体育舞蹈的基本运步方法。
4. 了解两大系列体育舞蹈的技术特点。

第一节 体育舞蹈简介

一、体育舞蹈的概念

体育舞蹈也称国际标准舞，是一项由男女双人配合的步行式双人舞竞赛项目，是在规定的音乐和节奏范围内，运用身体技术与技巧，并结合艺术表现力，充分展示和凸显舞蹈质感，完成规范性和程序性动作的运动项目。

体育舞蹈分为两个系列：标准舞和拉丁舞，其中标准舞系列包括华尔兹、维也纳华尔兹、探戈、狐步舞和快步舞，拉丁舞系列包括伦巴、恰恰、桑巴、牛仔舞和斗牛舞，共 10 个舞种。

二、体育舞蹈发展概况

（一）体育舞蹈在世界的发展

体育舞蹈的前身是舞厅舞，也称社交舞、交谊舞。最早的舞厅舞，其实是源于意大利的一种由五步组成的小步舞，这种舞蹈于 1650 年被引进法国巴黎，因国王在公开场合跳起，这种来自民间的舞蹈很快流行起来，并被纳入宫廷舞蹈。

19 世纪初，英国的各种舞会与各类舞蹈比赛盛行，促进了舞厅舞的发展。1924 年，英国皇家舞蹈教师协会成立了舞厅舞分会，并于 1925 年正式颁布了华尔兹、探戈、狐步舞、快步舞 4 种舞的步伐，统称标准舞。

而拉丁舞传入欧洲的年代稍晚一些，据确切的推算，桑巴舞在 1913 年传入；斗牛舞于 1916 年传入；伦巴舞则于 1931 年传入；牛仔舞于 1943 年传入；恰恰舞于 1954 年传入。第二次世界大战后，英国皇家舞蹈教师协会又开始整理拉丁舞，并将它纳入国际标准舞范畴。至此，体育舞蹈两大系列的 10 个舞种形成。

目前国际上唯一从属于国际奥委会的体育舞蹈组织为世界体育舞蹈联合会（WDSF），其前身是国际业余舞者理事会（ICAD）。从 WDSF 的发展历程中能很清晰看到体育舞蹈的发展历史进程。

小贴士

1935 年，国际业余舞蹈联合会（FIDA）成立于捷克布拉格。

1957 年，国际业余舞者理事会（ICAD）成立。

1990 年，ICAD 更名为国际体育舞蹈联合会（IDSF）。

1995 年，IDSF 成为国际世界运动会协会（IWGA）的成员。

1997 年，IDSF 成为国际奥委会认可的国际体育联合会协会（ARISF）的成员。

2004 年，国际舞蹈组织（IDO）加入 IDSF。

2007 年，IDSF 协助职业运动员创建自己的组织，即国际职业体育舞蹈委员会（IPDSC）。

2010 年，IDSF 敦促所有国家成员机构在其比赛结构内为专业运动员组织比赛。体育舞蹈在中国广州举行的亚运会上首次表演。

2011 年，在卢森堡举行的 IDSF 年度大会同意将联合会的名称更改为世界体育舞蹈联合会（WDSF）。

（二）体育舞蹈在中国的发展

20 世纪 30 年代，国际交谊舞传入我国，先后在上海、天津、广州等大城市流行。竞技性体育舞蹈则是在 20 世纪 80 年代开始在中国推行。

1986 年，文化部宣布成立了中国国际标准舞总会（CBDF）于 1987 年举办了第一届全国国际标准舞比赛。

1991 年 5 月，中国体育舞蹈运动协会在北京正式成立，从 1991 年开始每年都举办全国体育舞蹈锦标赛。同年 5 月，我国首次派代表团赴英国参加第 70 届国际体育舞蹈锦标赛。

2002 年 4 月，经国家体育总局党组和文化部党组批准，中国体育舞蹈运动协会与文化部所属的中国业余舞蹈竞技协会经过协商，形成最终的联合，组建了中国体育舞蹈联合会（CDSF），并在民政部重新登记注册。

2006 年，国家体育总局正式把体育舞蹈列为全国体育大会比赛项目、2008 年奥运会表演项目、2010 年亚运会参赛项目。

经过多年的发展，无论从竞技水平、参与人数、社会普及度来看，还是从组织完善、赛事推广等方面来看，体育舞蹈都已经迈入了发展新阶段。

三、体育舞蹈的特点

体育舞蹈融合了舞蹈的艺术性与体育的竞技性，又兼具社会交际功能，自问世以来保持着旺盛的生命力，具有鲜明的特点。

（一）规范性

体育舞蹈正是由于其规范、完整的技术体系，才得以在全球推广。如同古典舞和西方芭蕾舞，它们都是经过数百年的锤炼、几代人的不懈努力而形成的。

1. 对于技术的规范要求

基于对 WDSF 最新教程的分析，最新的标准舞技术要求增加到 11 个方面，每一个动作都可以从步序、足位、方位、转度、足法、音乐时值、舞伴位置、身体拧转、升降、倾斜、延伸等方面去规范。而拉丁舞则从步序、足位、使用动作、转度、足法、音乐时值、方位、舞伴位置、引导握持形状、髋部路线、臀部肌肉运动、身体中段横移、身体中段挤压和身体拧转 14 个方面去规范。

2. 对于音乐的规范要求

体育舞蹈包含两个系列的 10 种舞蹈，每一个舞种都有其音乐风格和特点，对于音乐的速率、节奏类型、时长等都有严格的规定。

3. 对于服装的规范要求

服装是体育舞蹈的一个标志性名片。标准舞体现了西方宫廷的贵族气息，其服装雍容华贵，一般男士着燕尾服，女士着过膝的长裙晚礼服；拉丁舞展现了拉美人民豪迈奔放的个性，服饰性感妩媚，一般男士着上短下长的紧身或宽松装，女士着紧身短裙。

为了更好地展示舞蹈特性和促进项目的发展，WDSF 对比赛服装做出了严格的规定，服装的规范关系到比赛成绩。

（二）艺术性

体育舞蹈是一项健与美高度融合的运动项目，参与者要具备良好的修养、得体的礼仪、优雅的动作。

体育舞蹈的形体美、音乐美、服饰美、动作美，都体现了这项运动的独特艺术性，这也是所有运动参与者为之着迷的重要因素，是体育舞蹈观众被吸引的关键所在。正是基于艺术性，作为一项竞技体育项目，体育舞蹈才能如此地引人注目。

（三）竞技和健身性

体育舞蹈的负荷量可大可小，适应面广，既能增强体质，改善人体心血管系统、呼吸系统等机能状态，改善神经系统的调节机制，又能促进心理健康，达到健美、健身、健心的最佳效果。

通过对人体能量代谢、能量消耗和心率变化的测定可知，华尔兹舞和探戈舞的能量代谢为7.57，高于网球的7.30，与羽毛球的8.00相近。可见，体育舞蹈引起的生理变化是明显的，它是一项很好的陶冶情操、强健体魄的体育项目。

（四）社交性

体育舞蹈起源于社交场所，其本质就是一个交往载体，强调的是娱乐性和健身性，注重的是身心的和谐发展，是人们交流思想、抒发情感、消除隔阂、相互沟通的形式之一。

体育舞蹈是基于性别平等的男女双方合作，遵循同样的技术原理，讲究双人之间的协同配合，表达一致的舞蹈情绪。合作交往与协同配合是这项运动不变的主题。

第二节　体育舞蹈的分类及风格

体育舞蹈的发展从无到有，舞种数量从少到多。随着体育舞蹈标准化与竞技化发展的同步推进，综合考量了各舞种的形成先后、地域来源、文化背景、表现形式、技术特点等多方面因素后，体育舞蹈被划分为两大系列，即标准舞和拉丁舞，每个系列包含5个舞种，共计10个舞种，以下分别介绍其分类及风格。

一、标准舞

标准舞也称“摩登舞”，包括华尔兹、维也纳华尔兹、探戈、狐步舞和快步舞。其特点是从贴身握抱的姿势开始，沿着舞程线逆时针方向绕场行进；步法规范严谨，上体和胯部保持相对稳定挺拔，完成各种前进、后退、横向、旋转、造型等舞步动作，具有端庄典雅的绅士风度；曲调大多抒情优美、旋律感强，服饰雍容华贵。

（一）华尔兹

用字母 W 表示，也称“慢三步”。舞曲旋律优美抒情，节奏为 3/4 的中慢板，每分钟 28 ~ 30 小节。每小节三拍为一组舞步，每拍一步，第一拍为重拍，三步一起伏循环。通过膝、踝、足底、跟掌趾的动作，结合身体的升降、倾斜、摆荡，带动舞步移动，使舞步起伏连绵，舞姿华丽典雅，是维也纳华尔兹的变化舞种。

19 世纪中叶，维也纳华尔兹传到美国，当时美国崇尚舒缓、优美的舞蹈和音乐，于是将快节奏的维也纳华尔兹逐渐改变成悠扬而缓慢、有抒发性旋律的慢华尔兹舞曲，舞蹈也变成连贯滑动的慢速步型，即今日的华尔兹舞。

（二）维也纳华尔兹

用字母 V 表示，也称“快三步”。舞曲旋律流畅华丽，节奏轻松明快，节奏为 3/4 拍，每分钟 56 ~ 60 小节，每小节三拍，第一拍为重拍，第二拍为次重拍。基本步伐是六拍走六步，两小节为一循环，每一小节为一次起伏。基本动作是左右快速旋转步，完成反身、倾斜、摆荡、升降等技巧动作。

维也纳华尔兹，源于奥地利的一种农民舞蹈，由男女成对扶腰搭肩共同围成一个圆圈而舞，故被称为“圆舞”。17 世纪进入维也纳宫廷，18 世纪被誉为“欧洲宫廷舞之王”。

维也纳华尔兹舞步平稳轻快、翩跹回旋、热烈奔放，舞姿高雅庄重。音乐大师，如莫扎特、肖邦、柴可夫斯基都创作过华尔兹舞曲的不朽名作，其中约翰·施特劳斯为华尔兹谱写的“圆舞曲”最具代表性，经久传颂。

（三）探戈

用字母T表示。节奏为2/4拍，每分钟30～34小节。每小节两拍，第一拍为重拍。舞步有快步和慢步，快步（quick）占半拍，用Q表示，慢步（slow）占一拍，用S表示。基本节奏是慢、慢、快、快、慢（S、S、Q、Q、S）。舞曲节奏带有停顿并强调切分音；舞步顿挫有力，潇洒豪放；身体无起伏、无升降；表情严肃，有左顾右盼的头部闪动动作。

探戈舞源于非洲中西部的民间舞探戈诺舞，融合了拉美民间舞蹈风格，形成了墨西哥探戈和阿根廷探戈。20世纪传入欧洲上层社会，后流行于世界各国。

（四）狐步舞

用字母F表示。舞曲抒情流畅，节奏为4/4拍，每分钟28～30小节，每小节为四拍，第一拍为重拍，第三拍为次重拍。基本步法是四拍走三步，每四拍为一循环。分快步和慢步，第一步为慢步（S），占两拍；第二、三步为快步（Q），各占一拍。基本节奏为慢、快、快（S、Q、Q）。以足踝、足底、掌趾的动作完成升降起伏，注重反身、肩引导和倾斜技术。舞步流畅平滑，步幅宽大，舞态优雅，从容飘逸，似行云流水。

狐步舞起源于20世纪初的美国黑人舞蹈，是根据美国演员哈利·福克斯模仿马慢行时的动作而设计出的一种舞蹈形式。

（五）快步舞

用字母Q表示。舞曲明亮欢快，舞步轻快灵活，跳跃感强，是体育舞蹈中一种轻快欢乐的舞蹈。节奏为4/4拍，每分钟50～52小节。每小节四拍，第一拍为重拍，第三拍为次重拍。舞步分快步和慢步。快步用Q表示，时值为一拍；慢步用S表示，时值为两拍。基本节奏是慢、慢、快、快、慢。舞步组合有跳步、荡腿、滑步等动作。

快步舞起源于20世纪后期的美国民间舞，早期吸收了很多狐步舞动作，后又引入芭蕾舞的小动作，使得动作轻盈灵动，很快流行于欧美和全球。

二、拉丁舞

拉丁舞包括伦巴、恰恰、桑巴、牛仔舞和斗牛舞，其特点是舞伴之间可贴身可分离，各自在固定范围内变换方向、角度，展现舞姿，步法灵活多变。

拉丁舞的各舞种通过对胯部及身体摆动不同的技术要求，完成各种舞步，表现各种风格。其舞姿妩媚潇洒，婀娜多姿；风格生动活泼，热情奔放；曲调缠绵浪漫，活泼热烈，节奏感强。拉丁舞着装浪漫洒脱，男士着上短下长的紧身或宽松装，女士着紧身短裙，显露女性的曲线美。

拉丁舞的前身是拉丁风情舞，是拉美人民在漫长的历史长河中形成的具有鲜明特点的激情、浪漫而又富有活力、火热的艺术表现形式，有较大的自由发挥空间，是以运动肩部、腹部、腰部、臀部为主的一种舞蹈艺术。

（一）伦巴

用字母 R 表示。节奏为 4/4 拍，每分钟 27 ~ 29 小节，每小节四拍。乐曲旋律的特点是强拍落在每小节的第四拍，舞步从第四拍起跳，由一个慢步和两个快步组成；四拍走三步，慢步占两拍（第四拍和下一小节的第一拍），快步各占一拍（第二拍和第三拍）。胯部摆动三次，胯部动作是由控制重心从一脚向另一脚移动而形成向两侧做横向八字（“∞”）形摆动；具有舒展优美、婀娜多姿、柔美抒情的风格特点。

伦巴历史悠久，被誉为“拉丁舞之魂”，它的起源与 16 世纪的西班牙民间舞及非洲黑人舞蹈都有着密切关系，20 世纪美国爵士乐的兴起也对现代伦巴产生了深远的影响。伦巴 20 世纪中期风行于欧美。

（二）恰恰

用字母 C 表示。节奏为 4/4 拍，每分钟 30 ~ 32 小节；每小节四拍，强拍落在第一拍。四拍走五步，包括两个慢步和三个快步。第一步踏在第二拍，时间值占一拍；第二步占一拍；第三、四两步各占半拍；第五步占一拍，踏在舞曲的第一拍上。胯部每小节向两侧摆动六次。舞曲热情奔放，舞步花哨利落，步频较快，诙谐风趣。

恰恰舞源于非洲，后传入拉丁美洲，在古巴得到发展，舞姿类似于企鹅动作形态，俏皮诙谐，是拉丁舞中最为流行的舞蹈。

（三）桑巴

用字母 S 表示。桑巴舞须在移动中沿着舞程线绕场行进，是拉丁舞中为数不多的行进性舞蹈。舞曲欢快热烈，节奏为 2/4 拍或 4/4 拍，每分钟 52～54 小节。强拍落在每小节的第二拍或第四拍，每小节完成一个基本舞步。舞步在全脚掌踏地和半脚掌垫步之间交替完成，通过膝盖上下屈伸弹动，使全身起伏摇摆。特点是流动性大，律动感强，步法摇曳紧凑，风格热烈奔放。

桑巴舞源于巴西，从巴西的摇摆桑巴舞演变而来，因在里约热内卢的狂欢节上公开表演而迅速流行开来，逐步成为巴西最具特色的民族舞，是巴西音乐及舞蹈的灵魂代表。

（四）牛仔舞

用字母 J 表示。牛仔舞是拉丁舞中除桑巴舞外的另一种弹性舞蹈。旋律欢快，强烈跳跃，节奏为 4/4 拍，每分钟 42～44 小节，六拍跳八步。由基本舞步踏步、并合步，结合跳跃、旋转等动作组合而成。要求脚掌踏地，腰和胯部做钟摆式摆动。特点是舞步敏捷，舞姿轻松，热情、欢快、跳跃。

牛仔舞源于美国，原是美国西部牛仔跳的踢踏舞，20 世纪 50 年代爵士乐的流行加速和完善了这种舞蹈的发展。第二次世界大战期间传入英国，再次获得迅速推广，但风格上还保持着美国西部牛仔浪漫豪爽的气派。

（五）斗牛舞

用字母 P 表示。音乐采用结构固定不变的西班牙进行曲，共分三段，每段之间有明显的停顿，旋律高昂雄壮、鲜明有力。节奏为 2/4 拍，每分钟 60～62 小节。一拍一步，八拍一循环。特点是舞步波动大，沿着舞程线绕场行进，为游走型舞蹈；舞姿挺拔，无胯部动作及过分膝盖屈伸；用踝关节和脚掌平踏地面完成舞步；动静鲜明，力度感强，发力迅速，收步敏捷顿挫。

斗牛舞源于法国，盛行于西班牙，是模仿西班牙斗牛场面创作而成的。男士着斗牛士装，气宇轩昂，刚劲威猛；女士戴红色斗篷，英姿飒爽，柔美多变。

小贴士

跳拉丁舞时要求上半身是一个整体，尤其是肩部应该保持直立，手臂要借背部肌肉的力量和肩膀的协调而缓缓舞动，腿部动作应有力敏捷。跳拉丁舞是塑造美腿的绝佳方式。

第三节　体育舞蹈基本知识

一、场地及路线

体育舞蹈是在一个规范和标准的场地上进行的竞赛运动，通常为在 23 米 ×15 米的木地板上进行。为了能标准地实现每个技术动作运行路线和度数，让舞者能按照规律在场地内流畅运动，制定了一些基本规则。

（一）舞程向

在一个舞池中，为了避免互相碰撞，舞者必须按逆时针方向行进，这个行进方向叫作舞程向。

（二）舞程线

舞者必须沿逆时针方向，围绕舞池中央行进的路线叫作舞程线，常标识为“L. O. D”，通常由两条长线和两条短线构成。沿舞程线产生的 8 个常用方位，如图 5-3-1 所示。

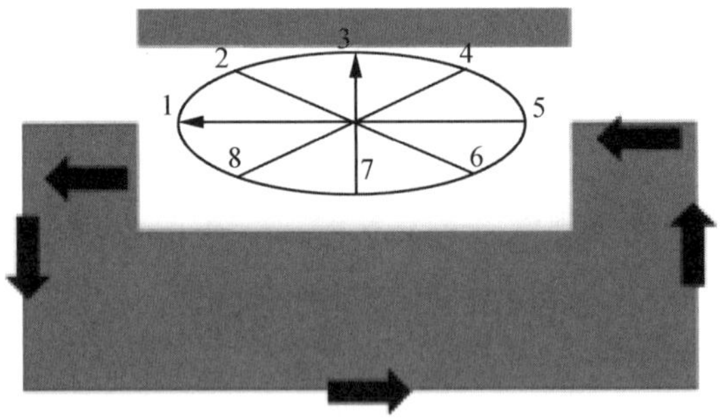

1. 面对舞程线；2. 面对斜墙；3. 面对墙壁；4. 背对斜中央；
5. 背对舞程线；6. 逆对斜墙；7. 面对中央；8. 逆对斜中央。

图 **5-3-1**　舞程线及方位图

（三）舞池中线

与舞池的两条长线平行并穿过舞池的正中央的直线，即为舞池的中线，一般不允许选手在竞技时直接从长线上穿越中线。

（四）新舞程线

当沿着现有舞程线方向行进，在接近场地的角落无法继续前行时，现有舞程线需要被改变，但仍保持逆时针行进的大方向，则被视为进入到新舞程线。新舞程线上的 8 个不同方向同样存在。

（五）越过舞程线

在舞蹈过程中，假想从起始位置两脚平行状态延伸一条与舞程线平行的线，下一步出步需要向侧（或侧前或侧后）穿越该假设的线，则被视为越过舞程线。

二、角度与方向

（一）转动方向

左转：沿逆时针方向的转动。

右转：沿顺时针方向的转动。

（二）转度

转度是指舞步与舞步之间产生的转动角度。旋转时以每转 360°为 1 周；旋转 180°为 1/2 周；旋转 90°为 1/4 周；旋转 45°为 1/8 周；以此类推。

在记录旋转动作时，应先标明旋转的方向，即左转或右转，再标明角度，如左转 1/8 周，如图 5-3-2 所示。

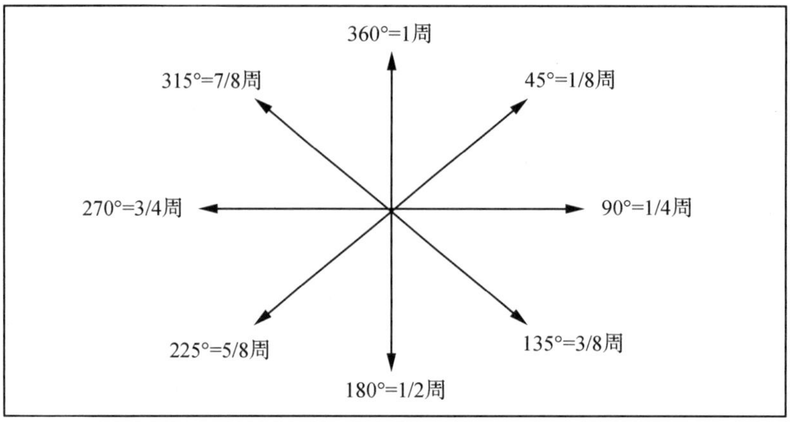

图 5-3-2　旋转角度

（三）方位

方位是指步子移动时指示的方向、两脚的位置和相关身体的舞池中位置。常用表达术语为面向、背向和指向。其中，指向用于当身体和脚的方向不一致时，表述脚的方向。如华尔兹的右转步，第五步的描述为“身体面向中央，脚指向斜中央”。

（四）步位

步位是指在一个舞步结束时，脚所做的方向上的改变。在体育舞蹈中，一般习惯性表述为脚的运动方向，如图 5-3 所示。

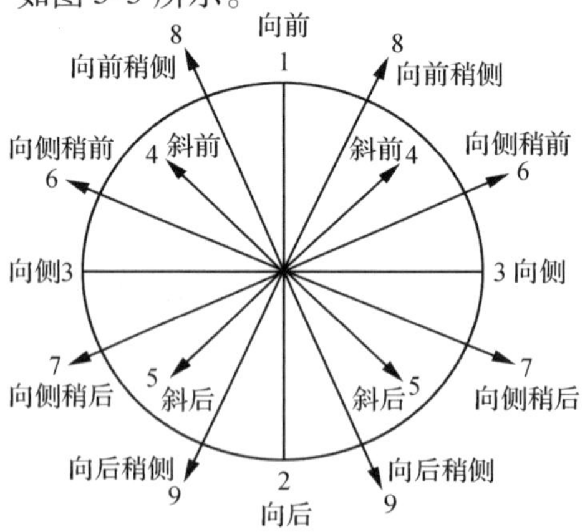

1. 向前：胸部所对；2. 向后：背部所对；3. 向侧：肩侧所对；4. 斜前：前与侧之间，45°方向；5. 斜后：后与侧之间，45°方向；6. 向侧稍前：侧与斜前之间；7. 向侧稍后：侧与斜后之间；8. 向前稍侧：前与斜前之间；9. 向后稍侧：后与斜后之间。

图 5-3-3　步位示意图

三、音乐知识

1. 节拍

指每一个小节中有多少拍。

2. 重拍

指在一个小节中拍子的重音。

3. 速率

指一分钟内所演奏的节拍数。

体育舞蹈各舞种的音乐特征如表 5-3-1 所示。

表 5-3-1 体育舞蹈各舞种的音乐特征

标准舞	节拍	重拍	速率
华尔兹	3/4	1	28 ~ 30
探戈	2/4	1	30 ~ 34
狐步舞	4/4	1，3	28 ~ 30
快步舞	4/4	1，3	50 ~ 52
维也纳华尔	3/4	1，2	56 ~ 60
拉丁舞	节拍	重拍	速率
伦巴	4/4	4	27 ~ 29
恰恰	4/4	1	30 ~ 32
牛仔舞	4/4	2，4	42 ~ 44
桑巴	2/4 或 4/4	2 或 4	52 ~ 54
斗牛舞	2/4	1	60 ~ 62

4. 拍值

指每一拍上所用的时长。

5. 动作时值

指每一个舞步所占用的音乐拍数，如表 5-3-2 所示。

表 5-3-2　体育舞蹈常用动作时值

标识	动作时值
S—慢	2 拍
Q—快	1 拍
a—呃	1/4 拍
And/&—啊	1/2 拍
One—1	1 拍

6. 节奏

指音乐的强弱拍，按照一定的规律出现，并且拍值均等，能赋予音乐以特点。

7. 旋律

指若干乐音经过艺术构思而形成的有组织、有节奏的序列。

8. 乐句

指乐曲的节拍，是构成一首乐曲的一个具有特性的基本结构单位。在体育舞蹈的音乐中，乐句通常由 8 小节组成，并且呈现节奏强弱相间的特点。

9. 乐段

乐段是构成独立段落的最小结构。在体育舞蹈的音乐中，乐段通常由 4 个乐句组成，共 32 小节。

小贴士

听觉是人类感知世界的重要通道，如果在跳舞的时候音乐分贝较大，则很容易导致听觉疲劳。长时间接触噪声会对耳蜗造成不可逆转的损伤，听力也将无法恢复。所以，跳舞的时候要尽量让音乐声小一点，减少对听力的损害。

四、肢体术语

（一）脚法术语

在每一个舞步中，具体由脚的哪一部分接触地板，是否带有重量，以及如何放置脚都有明确的规定，如图 5-3-4 所示。

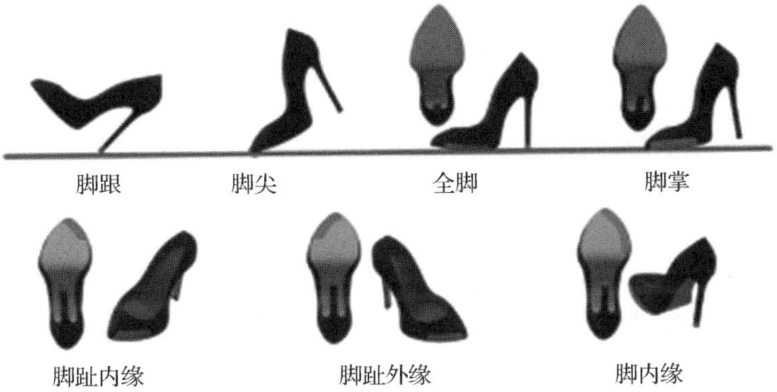

图 5-3-4　脚部术语

（二）腿法术语

1．主力腿

主力腿俗称站立腿，主要承载身体重量。跳舞时身体和脚步向地面施加压力，通过髋、膝、踝关节的屈伸作用使重心降低或上升，从而带动身体升降。

2．动力腿

动力腿俗称移动腿。在主力腿的运动处于结束状态后，另一条保持动作惯性地产生出步行为的腿，则为动力腿。动力腿在出步以后成为主力腿。

小贴士

舞蹈是一项相对激烈的运动，尤其是腿部的运动，即使是轻微的技术失误也会导致全身失去平衡，摔倒甚至脚踝受伤。因此，选择一双舒适、轻便和安全的舞鞋是很重要的。

第四节　体育舞蹈基本技术

一、身体姿态及位置

身体姿态一般指舞蹈中的静态性动作或动作后的静止造型。

体育舞蹈因其独特的舞蹈风格和双人舞的特点，形成了独具特色的舞蹈姿态及身体位置。

标准舞系列因舞伴之间双手握持固定，身体框架稳定，故舞者身体姿态稳定，更多的变化产生于舞伴之间身体贴靠的中段位置。而拉丁舞系列则因舞伴之间的握持多变，两人的身体框架相对标准舞要松散很多，相对位置也多变，故舞者的身体姿态更加丰富。

（一）标准舞身体姿态及位置

1. 闭式位置

女士中段右侧接触男士中段右侧，肩和髋保持平行，如图 5-4-1 所示。

2. 外侧舞伴位置

与闭式位置非常相似，为了使前进一方的脚和膝运动到舞伴的外侧位置，舞者二人都略微地向右旋转，如图 5-4-2 所示。

图 5-4-1　闭式位置

图 5-4-2　外侧舞伴位置

3. 侧行位置

男士中段右侧与女士中段左侧接触，形成一个 V 形（开口方向即运动方向），如图 5-4-3 所示。

4. 并退位置

与侧行位置非常相似，接触点为男士中段右侧与女士中段左侧，形成一个 V 形（V 形关闭方向即运动方向），如图 5-4-4 所示。

图 5-4-3　侧行位置

图 5-4-4　并退位置

5. 翼步位置

女士中段左侧接触男士中段右侧，这个位置用于当前进一方需要用左脚行进到舞伴外侧时，如图 5-4-5 所示。

图 5-4-5　翼步位置

（二）拉丁舞身体姿态及位置

1. 闭式位置

拉丁舞采用男左女右握持方式，与标准舞相似，但无身体中段的接触，男女相距约 15 厘米，男士肘部与女士胸部高度相当，如图 5-4-6 所示。

图 5-4-6　闭式位置

2. 分式位置

男女分开约一个手臂距离，可单手握持也可不握持，位置比较多变，应用灵活，如图 5-4-7 所示。

图 5-4-7　分式位置

3. 扇形位置

扇形位置主要用于伦巴和恰恰这两个舞种，舞伴身体夹角约成直角，点地脚脚尖相对，前后空间略错开 15 厘米，男士略后，握持男士左手掌心向上，拇指扣压女士右手手背，高度在腰间位置，另一手臂顺身体延伸，整体呈一个打开的扇形，如图 5-4-8 所示。

图 5-4-8　扇形位置

4．影子位置

男士站在女士身后，两人面对同一方向，握持方式据后续步伐而定，如图 5-4-9 所示。

图 5-4-9　影子位置

5．闭式侧行位置

由闭式位置开始，男女双方各自外转 1/8 圈（男向左，女向右）打开呈 V 形，重量放在握持手这一侧（男左女右），握持手下压略低于肩，如图 5-4-10 所示。

6．反闭式侧行位置

握持手（男左女右）高举过头顶，双方各自外转 1/8 圈（男向右，女向左），重量放在环抱手臂这一侧（男右女左），下压至肩向位置，呈半圆形，如图 5-4-11 所示。

图 5-4-10　闭式侧行位置

图 5-4-11　反闭式侧行位置

7．闭式并退位置

由闭式位置开始，男女双方各自外转 1/8 圈（男向左，女向右），男左脚、女右脚各后退一步，舞伴之间身体夹角不超过 90°，如图 5-4-12 所示。

8．分式并退位置

男女双方以站立脚为圆心，各自外转 1/4 圈后，点地脚后退一步，外侧手打开向旁侧，舞伴之间形成肩并肩位置，如图 5-4-13 所示。

图 5-4-12　闭式并退位置

图 5-4-13　分式并退位置

9．分式侧行位置

身体位置与闭式侧行位置相同，单手握持，站立腿这一侧手不握持，身体打开呈 V 形，如图 5-4-14 所示。

10．反分式侧行位置

身体位置与分式侧行位置相同，单手握持，站立腿这一侧手握持，身体打开呈 V 形，如图 5-4-15 所示。

图 5-4-14　分式侧行位置

图 5-4-15　反分式侧行位置

小贴士

在学习体育舞蹈时要格外注意姿态，艺术特征和美感多是靠身体姿态表现出来的，优雅大方、收放自如的姿态会使得舞者精神抖擞。基本动作未完全掌握前不要过早追求高难度动作组合。

二、基本技术动作

体育舞蹈两个系列的 10 个舞种虽然风格各不相同，但都遵循着一些基本的技术规则，如标准舞的框架与升降、拉丁舞的髋部运动等，这些基础性的技术规范，不仅彰显了体育舞蹈的风格特征，也对技术动作的创新与发展、统一与规范起到了良好的推动作用。

（一）标准舞动作

1. 反身动作

反身动作是指一侧脚前进或后退时，异侧肩和胯后让或前送，使身体与舞步形成反向配合的身体动作，如图 5-4-16 所示。

2. 升降

升降是指在跳舞过程中身体的上升与下降。上升指脚跟抬起，膝盖伸直，如图 5-4-17中的女生动作；下降为脚跟落地，膝盖弯曲。

3. 身体升，足不升

指跳舞时身体上升的时候，脚跟不离地，膝盖伸直，如图 5-4-17 中的男生动作。

图 5-4-16　反身动作

图 5-4-17　上升与身体升、足不升

4. 摆荡

摆荡是指身体在移动时，利用腿部力量和身体惯性从低到高、从高到低，像钟摆似地往复运动。标准舞中除了探戈外，都是通过摆荡运动的。

5. 倾斜

倾斜是指脚踝以上身体向左或向右的侧屈，在舞蹈中常用来做缓冲平衡、启动加速、身体线条的修饰。

6. 跟掌滚动

跟掌滚动是指在带有驱动性发力动作的舞步中，足部的着力点由脚跟滚动到脚掌，再到达全脚平伏位置。

7. 拧动

拧动是指以脊柱为中轴的胯部和肩部的相对运动。一般在标准舞中，身体的拧动只是在侧行位置和并退位置时才出现；而在拉丁舞中，强调髋部运动，拧动技术运用广泛。

8. 外圈转

外圈转是指转动时，位置在转动圈子的外侧，通常发生在前进步。

9. 内圈转

内圈转是指转动时，位置在转动圈子的内侧，通常发生在后退步。

10. 轴转

轴转是指以一个脚的脚掌为支点，另一个脚处于前或者后的反身位置进行的旋转。

11. 跟转

跟转是指在后退脚的脚跟位置完成的转动，常常伴随有并脚或拖跟动作。

12. 拧转

拧转是指双脚交叉后再打开交叉的一种转动，通常由男士来完成。

（二）拉丁舞动作

1. 胯部动作

（1）放置。臀部下压偏落在主力腿（站立脚）上，如图 5-4-18 所示。

图 5-4-18　放置

（2）横向小幅扭动。胯部向左或向右划小圈，一般髋关节左右顶点不超过同侧脚外侧边缘，俗称“小 8 字划圈”。

（3）横向大幅扭动。胯部向左或向右划大圈，一般髋关节左右顶点超过同侧脚外侧边缘，俗称“大 8 字划圈”。

“8 字划圈”如图 5-4-19 所示。

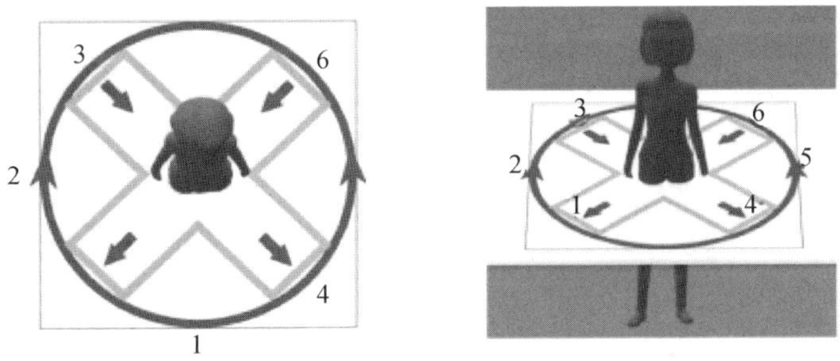

图 5-4-19　“8 字划圈”图

（4）拧转。指发生在臀部的扭转，肩关节对抗性固定。

2. 胯部位置

（1）额状面横移。肩关节与髋关节水平左右交错，如图 5-4-20 所示。

图 5-4-20　额状面横移

（2）额状面倾斜。肩关节水平，髋关节上下倾斜，无转动，如图 5-4-21 所示。

图 5-4-21　额状面倾斜

（3）横断面转动。肩关节与髋关节前后转动交错，形成躯干的拧转，如图5-4-22 所示。

图 5-4-22　横断面转动

（4）矢状面倾斜。肩关节水平，髋关节前后倾斜，无转动，如图 5-4-23 所示。

图 5-4-23　矢状面倾斜

3. 引导

（1）重心引导。女士通过身体的接触，跟随男士的重心转移而转移。

（2）肢体引导。男士通过手臂动作带动女士。

（3）形状引导。男士通过身体与手臂的形状和姿势来带动女士，一般无直接的身体接触。

（4）眼神引导。男士通过眼神来带动女士，无身体接触。

4. 延迟动作

指先出脚但无重心变化，随后再进行重心转移的动作，常用于改变脚部速度，打破固有音乐节奏。

5. 弹性动作

指通过膝踝关节的屈伸运动，使得身体重心产生上下移动的动作，如桑巴和牛仔舞中的弹性动作。

6. 手臂的使用

拉丁舞的舞伴位置多变，当单手或无手臂接触时，无接触手臂应随着身体的律动而摆动。

三、常用舞步

（一）标准舞舞步

1．前进步

初始状态：身体垂直站立，主力腿（站立腿）膝盖弯曲，脚掌平伏，动力腿（移动脚）脚掌触地。

预备状态：身体先向前移动，随后动力腿前伸至膝盖，自然伸直，脚跟触地，脚尖上抬。

发力状态：主力腿脚跟抬离地面，脚掌推地发力，前脚经脚跟、脚掌滚动至脚尖落地，脚处于平伏位置，转移重心至前脚。

2．后退步

初始状态：身体垂直站立，主力腿（站立腿）膝盖弯曲，脚掌平伏，动力腿（移动脚）脚掌触地。

预备状态：身体先向后移动，随后动力腿由脚尖带领向后伸展，脚尖触地。

发力状态：主力腿脚掌抬离地面，脚跟推地发力，后脚经脚掌滚动至脚跟落地，脚处于平伏位置，重心移至后脚。

3．追步

两脚做追逐式并步，在两个节拍中完成三步，其中连续的两步的动作时值为第三步的一半，广泛运用于标准舞中的侧行位置和拉丁舞中的梅林格动作中。

4．踌躇步

前进暂时受阻，重心停留在一脚的时间超过一拍。

5．并步

通过双脚的合并，完成两脚之间重心的转移，常用于华尔兹结束动作。

6．锁步

两脚前后形成交叉位置。

7．刷步

移动脚（动力腿）用脚趾刷地，并移向站立腿（主力腿），但重心不变。

8. 滑步

第一步侧向移动，第二步双脚并拢，两腿交替移动。

（二）拉丁舞舞步

1. 前进步

初始状态：身体垂直站立，主力腿（站立腿）单脚直立，胯部完全放置在主力腿上，动力腿（移动脚）脚尖触地。

预备状态：身体先向前移动，随后动力腿前伸至膝盖绷直，脚尖向前擦地绷直。

发力状态：主力腿脚跟抬离地面，脚掌推地发力至大脚趾内缘紧压地面，前脚经脚尖、脚掌、脚跟滚动落地，脚处于平伏位置，转移重心至前脚。

2. 抑制性前进步

为了达到改变方向的目的，使用前进步的基本动作，但重心没有完全落在前脚，而是位于两脚之间，一般前腿直立，后腿膝盖弯曲并朝向前脚膝盖。

3. 后退步

初始状态：身体垂直站立，主力腿（站立腿）单脚直立，胯部完全放置在主力腿上，动力腿（移动脚）脚尖触地。

预备状态：身体先向后移动，随后动力腿后伸至膝盖绷直，脚尖向后擦地绷直。

发力状态：主力腿脚跟抬离地面，脚掌推地发力至脚尖，后脚经脚尖、脚掌、脚跟滚动落地，脚处于平伏位置，转移重心至后脚。

4. 抑制性后退步

为了达到改变方向的目的，使用后退步的基本动作，但重心没有完全落于后脚，而是位于两脚之间。

5. 库克拉恰

它是一种下压式舞步，主力腿脚跟不离开地面，推动地面，施加作用力于胯部，动力腿承受部分重量。

6. 侧行步

身体重心经过主力腿向动力腿转移，仅产生了向旁的移动。

7. 梅林格动作

梅林格动作是牛仔舞、桑巴、恰恰中一种特殊的动作，类似追步动作的变形，其特点是：起始动作为移动脚（动力腿）屈膝，脚掌挤压地板，使用部分力量；站立腿（主力腿）直膝并向后锁紧，髋部留在站立腿这边，然后主力腿变动力腿，两腿交替移动。

8. 锁步

两脚前后形成交叉位置，膝盖前后紧贴。

小贴士

在进行体育舞蹈练习前要做好充分的热身，最基本的练习就是拉伸韧带，这样可以大大降低受伤的概率。我们要保护好我们的韧带，避免出现韧带拉伤、韧带撕裂等情况。

第五节 体育舞蹈组合

一、体育舞蹈组合

（一）标准舞组合

1. 华尔兹单人组合

准备姿势：舞者位于长线底端，面向斜墙壁，双手后背，架肘准备。

组合动作如表 5-5-1 所示。

表 5-5-1 华尔兹单人组合

序号	名称	动作时值（节奏）
1	左足前进的掌滚动摆荡	123223
2	后退步带跟推摆荡	323,423
3	左足前进并换步	523
4	右足前进并换步	623
5	左足后退并换步	723
6	右足后退并换步	823
7	左脚前进左转 1/4	123
8	右脚后退左转 1/4	223

续表

序号	名称	动作时值（节奏）
9	左脚后退右转 1/4	323
10	右脚前进右转 1/4	423
11	向右摆荡（左脚后退，右转 1/4）	523
12	向左摆荡（右脚后退，左转 1/4）	623
13	向右摆荡（左脚后退，右转 1/4）	723
14	向左摆荡（右脚后退，左转 1/4 并脚结束）	823
结束，可循环		

2. 探戈单人组合

准备姿势：舞者位于长线底端，面向斜墙壁，双手叠于左髋前，架肘准备。

组合动作如表 5-5-2 所示。

表 5-5-2　探戈单人组合

序号	名称	动作时值（节奏）
1	两次前进常步接并步	1234（SQQ）
2	两次后退常步接并步	5678（SQQ）
3	两次前进常步	2234（SS）
4	旁步	56（QQ）
5	刷点步	78（&S）
6	两常步	3234（SS）
7	分式左转	567842（QQSQQS）
8	左转 4～6（女步）	5678（QQS）
9	两次后退常步接并步	5234（SQQ）
10	两次前进常步接并步	5678（SQQ）
11	两次后退常步	6234（SS）
12	旁步（女步）	56（QQ）
13	刷点步（女步）	78（&S）
14	分式左转 1～3（女步）	7234（QQS）
15	右脚后退接摇步	5678（&QQS）
16	左脚后退接摇步	8234（QQS）
17	左转 4～6	5678（QQS）
结束，可循环，也可进入新舞程线循环		

3. 快步单人组合

准备姿势：舞者位于长线底端，面向斜墙壁，双手后背，架肘准备。

组合动作如表 5-5-3 所示。

表 5-5-3　快步单人组合

序号	名称	动作时值（节奏）
1	开合跳	12345678223（QQQQQQQ）
2	侧向滑步	（Q）
3	踌躇拖步 2 ~ 3	5678（SS）
4	1/4 转加追步	32345678（SQQSS）
5	行进向左追步	4234（QQS）
6	1/4 转加双追步	56785234（SQQQS）
7	行进向左双追步	56786234（SQQQS）
8	前进锁步	5678（SQQ）
9	摇晃追步	72345678（SSQQS）
10	后退锁步	8234（QQS）
11	踌躇换向	5678（SS）
结束，可循环		

4. 维也纳华尔兹双人组合

准备姿势：舞者位于长线底端，面向斜墙壁，闭式位置。

组合动作如表 5-5-4 所示。

表 5-5-4　维也纳华尔兹双人组合

序号	名称	动作时值（节奏）
1	右转	123223
2	右转	323423
4	右转 1 ~ 3	523
5	后退并换步	623
6	后退并换步	723
7	右转 4 ~ 6	823
结束，可循环，也可换线按新舞程线方向行进		

5. 狐步双人金牌组合

准备姿势：舞者位于长线底端，面向斜墙壁，闭式位置，左足预备。

组合动作如表 5-5-5 所示。

表 5-5-5　狐步双人金牌组合

序号	名称	动作时值（节奏）
1	卷曲羽步	1234（SQQ）
2	换向步	5678（SS）
3	跟转步	22（S）
4	左脚前进回旋	34（QQ&）
5	卷曲羽步	5678（SQQ）
6	后退羽步	3234（SQQ）
7	左转（女士）	56784234（SQQSQQ）
8	后退直三步	5678（SQQ）
9	右转（女士）	5234（SQQ）
10	卷曲羽步	5678（SQQ）
11	前进卷曲三直步左转	6234（SQQ）
12	后退卷曲三直步	5678（SQQ）
13	弹动并退步	7234（QQQQ）
14	羽步结束	5678（QQQQ）
15	并退左滑步轴转换向结束	82345678（QQQQSS）
结束，可循环		

（二）拉丁舞组合

1. 伦巴单人组合

准备姿势：双脚开立，重心落于左脚。

组合动作如表 5-5-6 所示。

表 5-5-6　伦巴单人组合

序号	名称	动作时值（节奏）
1	原地换重心	1234（23 41）
2	时间步	5678（23 41）
3	原地换重心	2234（23 41）
4	时间步	567832345678（23 4123 4123 41）
5	基本动作	42345678（23 4123 41）
6	基本动作	52345678（23 4123 41）
7	基本动作加 1/4 转	6234567872345678 （23 4123 41）（23 4123 41）
8	库克拉恰	82345678（23 4123 41）
结束，可循环		

2. 恰恰单人组合

准备姿势：双脚开立，重心落于右脚。

组合动作如表 5-5-7 所示。

表 5-5-7　恰恰单人组合

序号	名称	动作时值（节奏）
1	基本动作	12345678（23 4&123 4&1）
2	分式古巴碎步	22345678（2&34&12&34&1）
3	左脚前进转至锁步	3234（23 4&1）
4	右脚前进转至锁步	5678（23 4&1）
5	前进抑制步至后退锁步 3 个	42345678（23 4&12&34&1）
6	原地换重心至前进锁步 3 个结束在旁	52345678（23 4&12&34&1）
7	向右定点转	6234（23 4&1）
8	纽约步	56787234（23 4&123 4&1）
9	向左定点转	5678（23 4&1）
10	瓜帕恰节奏步	82346782（2&34&12&34&1）
结束，可循环		

3. 牛仔舞单人组合

准备姿势：双脚并立，重心落于左脚，双手叉腰。

组合动作如表 5-5-8 所示。

表 5-5-8　牛仔舞单人组合

序号	名称	动作时值（节奏）
1	原地基本步 1 ~ 5	12345678（123a4567a8）
2	并退基本步 1 ~ 5	22345678（123a45a6）
3	右向左换向步 左向右换向步 并退基本步 1 ~ 5	3234567842345678 （123a45a6123a45a6123a4）
4	右向左换向步 左向右换向步	523456786234 （123a45a6123a45a6）
5	弹踢步	56787234（1a23a45a67a8）
6	后退锁步	567882（1a23a45a6）
7	美式旋转	345678（123a45a6）
结束，可循环		

4. 桑巴双人组合

准备姿势：舞者位于长线底端，面向墙壁，采用闭式位。

组合动作如表 5-5-9 所示。

表 5-5-9　桑巴双人组合

序号	名称	动作时值（节奏）
1	闭式拂步结束在侧行位置	12345678（1a23a45a67a8）
2	桑巴侧行和侧向走步	22345678（1a23a45a67a8）
3	交叉位博塔弗戈斯	32345678（1a23a45a67a8）
4	游走沃尔塔	42345678（1a23a45a67a8）
5	侧行位置桑巴锁步	52345678（QQSQQSQQSQQS）
6	变形的拂步	6234（1a23a4）
7	游走沃尔塔	5678（5a67a8）
8	交叉位博塔弗戈斯至闭式摇滚步	72345678（1a2SQQSQQSQQ）
9	左转 123 至后退摇滚接左转 456	82345678（1a2SQQSQQ1a2）
结束，可循环		

5. 斗牛舞单人组合

准备姿势：双脚前后分立，右脚在前，重心落于右脚。

组合动作如表 5-5-10 所示。

表 5-5-10　斗牛舞单人组合

序号	名称	动作时值（节奏）
1	原地踏步	12345678
2	原地踏步向右	22345678
3	顿步至站立舞姿	3234
4	向前弓箭步	5678（5&67&8）
5	西班牙舞姿， 结束于并脚	42345678（123456 78）
6	切分顿步至环绕走步	1234（&1234）
7	前弓步结束于并脚，脚掌换步结束于西班牙舞姿	12345678（1234& 5678）
8	博塔弗戈	22345678（12345&67&8）
9	向右追步	3234

续表

序号	名称	动作时值（节奏）
10	前进转至低位西班牙舞姿	5678（&5678）
11	分式站姿向旁弓箭步结束于并脚	42345678（1234&5&6 78）
12	弗兰门戈踏步至西班牙舞姿，两次结束于并脚	5234567862345678（12&34567812&345678）
13	原地顿步和击掌	1234（123）
结束		

学习感悟

1. 体育舞蹈起源于社交舞和民间舞蹈，能够展现不同民族和地域的文化特色，包括伦巴、华尔兹等多个舞种，且都有各自的舞曲、舞步和风格。

2. 体育舞蹈既有趣味性又有实用性，能够有效改善形体、陶冶情操、愉悦身心，用优美的肢体语言展示梦想，用优雅的舞步表达激情。通过学习，学生可以形成开朗的性格和树立自信。

3. 体育舞蹈用特殊的交流方式给人带来快乐，舞伴在默契的配合中增进交流，建立深厚的友谊和情感。另外，在舞蹈中适当加入自己对音乐和舞蹈风格的理解，能更好地诠释和表现舞蹈。

思考题

1. 简述体育舞蹈的概念和分类。
2. 简述体育舞蹈的两大系列的舞种及特点。
3. 对比标准舞和拉丁舞的身体位置。
4. 列出 6 种体育舞蹈脚部术语。
5. 简述拉丁舞中的 4 种胯部位置。

第六章 健美运动

本章导读

人的一切都应该是美的：容貌、衣裳、心灵、思想。这是俄国著名作家契诃夫的名言。今天，越来越多的青年在追求美的心灵、美的情操、美的衣饰的同时，也追求健美的身体。健美运动不仅在我国，而且在世界范围内迅速兴起。不少人对什么是健美运动，它有什么作用，它目前的发展状况如何等并不清楚。通过本章的学习，我们可以了解健美、感受健美、塑造健美。

学习目标

1. 了解健美运动的概念、作用，以及世界和中国健美运动的发展概况。

2. 了解人体形体健美的标准及健美运动的健身功能。

3. 了解人体主要肌肉及基本功能以及肌肉的练习方法。

4. 在学习健美知识和加强锻炼的同时，培养知行合一、吃苦耐劳、不轻易放弃的意志品质。

第一节　健美运动简介

一、健美运动的概念

健美运动是一项徒手和运用各种器械，通过专门的动作和方式锻炼身体，以发展肌肉、增强体力、改善形体和陶冶情操为目的的运动项目。同时，它又是一项集人体解剖学、生理学、运动医学、人体美学于一体的新兴的运动项目。

健美运动可以徒手练习，如徒手健美操、韵律操、形体操，以及各种自抗力动作，也可以采用各种运动器械进行练习，如哑铃、杠铃、壶铃等举重器械，单杠、双杠、绳杆等体操器械，以及弹簧拉力器、滑轮拉力器和各种综合力量练习架等训练器械。

二、健美运动发展概况

（一）国际健美运动的发展

古代健美观念以古希腊的最具代表性。每四年一届的古代奥林匹克运动会，就是炫耀力量和展示人体健美的。古罗马著名医生盖伦就曾著书立说，倡导健美运动。到了 18 世纪，德国的体育活动家艾泽伦创造了各种锻炼的器械，它们既是现代竞技举重的起源，也是现代健美运动和力量举重的起源，如哑铃、吊环等。从 19 世纪起，德国人欧根·山道作为健美运动创始人，通过实践摸索出了一整套锻炼肌肉的方法并广为宣传，被称为“健美运动的开拓者和鼻祖”。20 世纪初，健美运动在英、美等国得到了广泛的发展。1946 年，加拿大人本·韦德和他的胞弟裘·韦德正式创建国际健美联合会，并开始举办国际业余健美锦标赛。

（二）我国健美运动的发展

现代健美运动从 20 世纪 30 年代起由欧美传入我国并发展起来。赵竹光先生是我国现代健美运动的开拓者，他创立了我国最早的健美组织——沪江大学健美会。20 世纪 80 年代是我国健美运动复兴的年代，群众性健美运动吸引了众多人士参加。在此基础上，各级体育部门及有关人士也大力支持、积极倡导，并举办了各种形式的比赛。中央电视台等众多媒体的宣传推广对推动我国健美运动的开展起到了积极的作用。

小贴士

人物介绍

钱吉成：1998 年，年仅 17 岁时夺得全国健美比赛冠军，后又荣获亚洲冠军。2005 年，在第 59 届世界健美锦标赛上，他荣获 60 公斤级冠军。

张萍：1990 年，在第 7 届亚洲健美锦标赛上，荣获女子 52 公斤级冠军。她练健美 17 年，共获得过 9 次亚洲冠军。

牟丛：2017 年在阿诺德传统赛业余组比赛中，夺得女子形体 167 厘米以下级的冠军和全场冠军，创造了中国女子健美的历史。

第二节　健美运动的作用

长期进行健美运动，不仅能够发展肌肉、加强力量、促进健康、增强体质，还能改善体形体态、调节心理活动。同时，还可以提高神经系统的机能水平，培养坚韧顽强的意志品质。

一、发展肌肉，加强力量

健美运动的一个突出作用就是可以有效地发展全身肌肉，加强力量。肌肉、骨骼、关节和韧带等共同组成了人体运动器官，使机体得以进行各种各样的复杂而精细的运动，而一切运动的原动力都来源于那些大大小小的肌肉。由于健美评分的主要标准之一就是肌肉的发达程度，所以健美训练中要经常使用各种各样的杠铃、哑铃等器械，对全身各部位肌肉进行锻炼，特别是每次练习几乎达到极限，因此能够使肌肉得到强烈的刺激，从而使肌纤维变粗，肌肉中的毛细血管网增多，肌肉的生理横截面扩大，肌肉变得丰满结实而发达。同时，由于中枢神经系统调节机能的改善，特别是神经过程的强度和集中能力的提高，在力量训练的影响下，肌细胞内的肌动蛋白和肌球蛋白等收缩物质增多，脂肪减少，可以使肌肉的黏滞性减小。这些变化导致了肌肉力量的大幅增长，特别是某些局部肌肉群的力量能达到相当高的水平。例如，某些轻级别的健美运动员卧推成绩能够在100千克以上，个别运动员甚至能用90千克的杠铃做弯举和颈后臂屈伸动作，由此可见其惊人的臂力。

二、促进健康，增强体质

经常从事健美锻炼，能对心血管系统、呼吸系统和消化系统等各内脏器官的功能产生良好的影响。健美锻炼可使心肌增厚，心腔容量增大，血管弹性增强，进而提高心脏的收缩力和血管的舒张力，使心脏搏动有力，心排血量增多，心跳次数减少到60次/分钟，这样心脏的休息时间就增多了。由于心脏的工作能力和储备能力都提高了，它就能承受更大的负荷量了。健美锻炼还能使血液中的红细胞、白细胞和蛋白质增加，从而提高身体的营养水平、代谢能力和对疾病的抵抗能力。健美锻炼对呼吸系统的机能也有良好的影响。它能提高呼吸深度，增加每次呼吸时的气体交换量，这既有利于呼吸肌的休息，又可提高呼吸系统的功能储备水平，从而有利于在激烈运动时满足气体交换的需要，提高机能水平。

健美锻炼还能提高消化系统的机能水平，因为肌肉活动要消耗大量的营养物质（尤其是能量物质），需要及时补充。同时，肌肉活动可使肠胃的蠕动增强、消化液的分泌增多，消化和呼吸能力得到提高。可见，健美运动能有效地提高人体的健康水平，增强体质。

三、改善体态，矫正体形

体形是指人体各部位之间的比例，体态是指人整个身体及各主要部位的姿态。我国自古就很重视人的体态，强调一个人要站有站相，坐有坐相。俗话说“站如松，坐如钟”。如果长时间不注意体态端正，就可能影响某些骨骼的正常发育。健美运动的各种动作能对身体某些部位的生长产生巨大的影响，促进骨骼的生长和肌肉的发展。科学的训练还可以减少肌肉中的脂肪含量，达到消脂减肥的目的。这些变化都能有效地改善人体的体形和体态，如三角肌发达了，肩部就显得宽阔；背阔肌增大了，就能使身体成美丽的倒三角形；腹肌发达了，就会使腹部扁平、坚实。男子变得体格魁梧，肌肉发达，英姿勃勃；女子变得体态丰满，线条优美，秀丽动人。健美运动的各种动作练习能对身体某些相应的部位产生巨大的影响，所以当一个人的体形体态出现某些缺陷时，就可以有针对性地选择适当的运动进行锻炼，以达到矫正和改善的目的。例如，四肢肌肉发达不成比例者，可以采用先练差的一侧的方法使之发达起来，以达到匀称协调；含胸驼背者，可多练一些卧推举和扩胸动作。健美运动由于有矫正畸形的作用，所以某些动作已被进一步用于医疗体育方面，用以帮助恢复肢体的某些功能。

四、调节心理活动，陶冶美好情操。

人的心理活动的本质是大脑对外界客观事物的反应。现代生活的紧张节奏，会使人产生紧迫感、压抑感，而紧张的体力劳动又会使人产生疲劳感。对于以上情况，可以通过睡眠、沐浴、放松按摩等恢复性措施加以调节，但神经疲劳是产生深度疲劳的主要原因，因此除采用上述方法外，还需采用一些积极调节心理活动的措施，健美锻炼正好能起到这方面的作用。如通过一段时间的锻炼后，肌肉增长了，多余的脂肪减少了，体形健美了，人在心理上就会产生一种满足感、轻松感。优美明快的音乐，富有节奏感的形体练习，可以调节人的心理活动，放松紧张的神经，转移和消除人的疲劳感、压抑感，使大脑得到充分的休息。

健美运动还可以陶冶人的美好情操。爱美之心，人皆有之。如果一个人执着地追求生活中的真、善、美，他就能自觉地抵制丑恶的现象，感到生活很充实，在学习和工作中精神振奋、精力充沛、注意力集中、充满信心。健美运动所带来的形体美、姿态美，也会使人变得活泼开朗、朝气蓬勃。所以，健美运动是一种青春常在的运动，它可以调节人的心理活动，陶冶人的美好情操。

五、提高神经系统的机能水平，培养坚韧顽强的意志品质。

中枢神经系统是由脑和脊髓构成的，而其最高指挥机关则是大脑皮层。大脑皮层一方面管理和调节人体内部器官系统的活动，以保持人体内部环境的平衡；另一方面则维持着人体和外部环境的平衡，健美运动正是在中枢神经系统的支配下进行的。反过来，进行健美锻炼也能提高中枢神经系统的机能水平，提高神经的强度和集中能力，增强身体的均衡性和灵活性，从而提高有机体对外部环境的适应能力。坚持健美锻炼的人，一般能睡得熟、睡得深，很少患神经衰弱症。进行健美训练，肌肉经常要工作到极限，运动员要克服大运动量训练所带来的肌肉酸痛等疲劳感觉和其他各种困难，如果能持之以恒、坚持不懈，可以培养顽强的毅力和不怕苦、不怕累、不怕疼痛、不怕枯燥的意志品质。

第三节　健美运动基本知识

一、人体主要肌肉及其功能

健美运动，从表面上看是一种以力量练习为主要手段的简单身体活动，实质上是对肌肉的塑造。只有掌握有关肌肉的常识，才能更有效地练成发达的肌肉群，增大肌肉体积，使肌肉隆起，线条明显、清晰。

人体内共有600多块肌肉，大的有2千克左右（如股四头肌），小的只有几克。按照形态、功能和位置的不同，人体肌肉分为三大类：附在骨骼上的肌肉叫骨骼肌，也叫随意肌；不显横纹，构成内脏器官壁的肌肉叫作平滑肌或内脏肌，也叫不随意肌；分布在心脏壁上、有横纹的肌肉叫作心肌。

人体运动系统由骨、骨关节和骨骼肌共同组成。它以骨为杠杆，以关节为枢纽，以肌肉收缩为动力而产生运动。所以，此处我们主要讲述骨骼肌，尤其是健美锻炼常见的骨骼肌。运动的特性决定了肌肉往往成对出现，运动中常用到的肌肉约有75对左右，以收缩与伸展、伸肌和屈肌的形式完成动作，表现为主动肌、协同肌、对抗肌的特征。例如，胸大肌、肱二头肌为主动肌，要积极收缩；而肱三头肌为对抗肌，要充分伸展。人体主要肌肉及其功能如表6-3-1所示。

表 6-3-1　人体主要肌肉及其功能

肌肉名称	功能	典型练习
斜方肌	使肩胛骨上提、上回旋、后缩、下降，使头和脊柱伸直	提铃耸肩、负重扩胸、持铃侧上举
三角肌	使上臂屈、旋内、旋外，使上臂伸，加固肩关节	直臂侧平举、俯身飞鸟、胸前提举
胸大肌	使上臂屈、内收旋内，拉引躯干，提肋	引体向上、卧推、双杠双臂屈伸、俯身飞鸟
肱二头肌	屈上臂，使前臂屈和外旋	肘弯举、引体向上
背阔肌	使上臂伸、内收和旋内，使躯干向上臂拉引	引体向上、后拉拉力器
肱肌	屈前臂	引体向上、肘弯举
肱三头肌	伸上臂、伸前臂	臂屈伸、仰卧推举
髂腰肌	使大腿屈、外旋	悬重举腿、仰卧起坐、负重下蹲
臀大肌	使大腿伸、旋外、内收	屈小腿、躬身、直腿硬拉、俯卧举腿
股四头肌股中间肌	屈小腿、大腿	伸小腿、负重下蹲起、悬垂直举腿（股直肌）
小腿三头肌（腓肠肌、比目鱼肌）	使小腿足屈，伸膝关节	提踵、蹲跳
腹肌	使骨盆后倾，脊柱侧屈	仰卧起坐、收腹举腿

二、形体健美标准

人体美是健、力、美三者的有机结合，它包含了肌肉和骨骼的发育情况、机体的完善程度、人体的外形美以及人体的精神气质。

（一）男子健美体围标准（表 6-3-2）

表 6-3-2　男子健美体围标准

身高/厘米	体重/千克	胸围/厘米	扩展胸围/厘米	上臂/厘米	大腿/厘米	腰围/厘米
153 ~ 155	50	94	97	32	48	65
155 ~ 157	52	94	98	32	49	65
157 ~ 160	54	95	98	33	50	66

续表

身高/厘米	体重/千克	胸围/厘米	扩展胸围/厘米	上臂/厘米	大腿/厘米	腰围/厘米
160～163	56	95	101	33	51	66
163～166	59	98	102	34	52	68
166～169	61	100	103	34	53	69
169～171	63	100	104	35	53	69
171～174	65	102	105	35	54	70
174～177	67	103	107	36	55	71
177～180	70	103	108	36	55	72
180～183	72	104	109	37	56	72

1. 肌肉发达，健壮有力

早在古希腊，人们就崇尚人体美，他们认为，健美的人体应该具有宽阔的胸部、灵活而强壮的脖子。著名雕刻大师米隆所创造的“掷铁饼者”以其精湛的技艺塑造了人体健美的外形。诗人马雅可夫斯基曾经说过，世界上没有更美的衣裳像结实的肌肉与新鲜的皮肤一样。可见，发达的肌肉和健壮的体魄是人体美的重要因素。随着竞技健美运动的发展，人们对人体肌肉的发展更加重视，要求也越来越高。

2. 体形匀称，线条分明

对于健美的体形，不同的国家、不同的民族、不同的人，会有不同的看法，但是有一点是共同的，就是经常从事体育锻炼能使体形更匀称、更健美。参照脂肪所占比例和肌肉发达程度以及肩宽和臀围的比例，一般将人体体形划分为胖型、肌型（运动型）和瘦型三类。

（1）胖型。其特点是上（肩宽、胸围）、下（腰围、臀围）一般粗，腰围很大，腹壁脂肪多下坠，体重超标。

（2）肌型（运动型）。其特点是肩宽、背阔、腰细，体形呈 V 形，腹壁肌肉垒块明显，四肢匀称，肌肉发达，体重在标准体重上加减 5% 以内。

（3）瘦型。其特点与胖型和肌型相反，腰围小，但因胸腔小而上下一般细，肩窄、胸平、四肢细长、肌肉不丰富、脂肪极少，体重小于标准体重 25%～35%。

肌型一般为标准体形，经常从事各项体育活动的人，特别是运动员，多为肌型。知道了体形分类，就可通过健美锻炼来改变自己的体形。

3. 精神饱满，积极向上

精神饱满的外在表现是皮肤美、姿态端正、动作洒脱，其内在表现则是有朝气、勇敢顽强、坚韧不拔。皮肤美是人体美的重要表现，皮肤也是健康状况的镜子，健康的人往往“红光满面”。此外，优雅的姿态和洒脱的动作也给人以美的印象。

（二）女子健美体围标准（表 6-3-2）

表 6-3-3　女子健美体围标准

身高/厘米	体重/千克	扩展胸围/厘米	臀围/厘米	腰围/厘米
152 ~ 154	47. 5	88	88	58
154 ~ 158	48. 5	88	88	58
158 ~ 161	50	89	89	59
161 ~ 163	51. 5	89	89	60
163 ~ 166	53	90	90	60
166 ~ 169	54. 5	90	90	61
169 ~ 171	56	92	92	61
171 ~ 174	58	92	92	62
174 ~ 176	60	94	94	64
176 ~ 178	62. 5	98	96	66

女子可谓千姿百态，但以健美的标准衡量，女子健美体形的特点是躯干呈三角形、四肢匀称、肌肉圆滑、胸部丰满、腰细臀圆、颈长腹平，从侧面观，女性胸、腰、臀富于曲线美。

女子健美的肌肉特点是肌肉发达，线条清晰，分布匀称。另外，女子健美还关注仪表和姿态是否端庄。因此，女子健美爱好者，在追求健美外表的同时，也要努力提升自己的文化修养，真正把内在美与外在美融为一体。

三、姿态健美标准

姿态健美指日常生活中人处于静止状态（坐、立、卧等）或从事一些基本技能活动（走、跑、跳、投等）时，身体各部位（如头、躯干、四肢）的相互关系应符合美学要求。

俗话说“站如松、坐如钟、行如风”，这是具有一定科学道理的，它是对正确的站、坐、行姿势的一种形象概括。有些人虽然五官端正、体形匀称，但因身体各部分不能按美学要求协调配合而姿态不雅。

姿态健美是通过长期坚持不懈的形体训练获得的。每个人在体形、体态上都或多或少有些缺陷，但通过形体训练可以增强身体各部分的灵活性和协调性，使姿态和动作变得优美和谐。下面介绍 3 种日常生活中的基本身体姿态。

正确的坐姿应是保持身体的挺直，用骨骼肌和肌肉支撑全身的重量，在前倾或侧倾时，应从腰际倾向前或侧面。（图 6-3-1）

正确的站姿应是挺胸、抬头、平视、腹微收、立腰、胯上提、臀收紧、腿夹紧、脊椎挺直。（图 6-3-2）

正确的走姿是挺拔、自然、匀称。保持整个身躯正直；抬头挺胸自然；双肩自然下垂；肘稍屈，协调在身体两侧摆动；均匀抬步，膝关节和脚尖朝前方；着地时脚掌应由后向前均匀支撑身体的重量。（图 6-3-3）

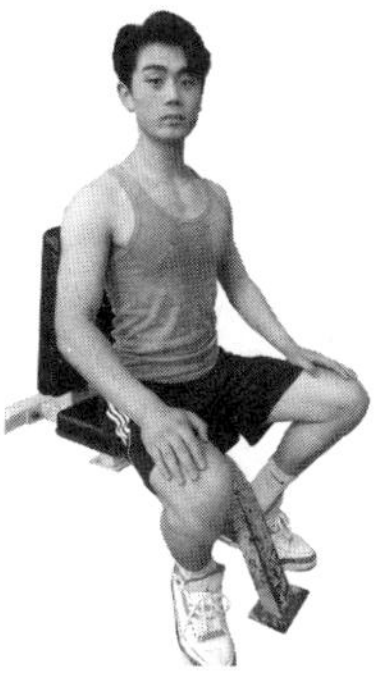

图 6-3-1　正确的坐姿

图 6-3-2　正确的站姿

图 6-3-3　正确的走姿

第四节　健美运动锻炼方法

一、胸部肌肉的锻炼方法

（一）卧推

作用：发展胸大肌、三角肌（前部）、肱三头肌和前锯肌。

做法：仰卧在卧推凳上，两手可采用不同握距握住横杠，将杠铃从头部拿到胸上后，两臂用力控制住杠铃，缓缓地将横杠放在胸部乳头上（女子触胸即可），然后用力将杠铃向垂直上方推起直至两臂伸直。（图 6-4-1）

要点：将杠铃置于胸部时，胸要挺起，杠铃缓慢放在乳头上；用力推起时，要用胸大肌发力。

呼吸：放杠至胸和上推时吸气，两臂伸直后呼气。

（二）仰卧飞鸟

作用：发展胸大肌、前锯肌和三角肌（前部）。

做法：两手握哑铃并置哑铃于胸前（掌心相对），然后仰卧在凳上。两臂伸直与身体垂直，两膝分开，脚踏地面，随即两臂缓缓向侧下分开（肘微屈）直至肘部低于体侧，这时胸部要高高挺起，腰部离凳，然后胸大肌用力收缩，将微屈而分开的两臂内收，至胸上伸直。（图 6-4-2）

图 6-4-1　卧推

图 6-4-2　仰卧飞鸟

要点：向下侧分两臂时，肘部要微屈并低于体侧，这样能有效地刺激胸大肌。

呼吸：两臂侧分及向上内收时吸气，臂接近伸直时呼气。

（三）仰卧直臂拉起

作用：发展胸大肌及肩带肌。

做法：仰卧在凳上，两手头后握住小杠铃，然后挺胸振臂，将杠铃举至胸部垂直上方，再控制杠铃下落至原位做第二次练习。（图 6-4-3）

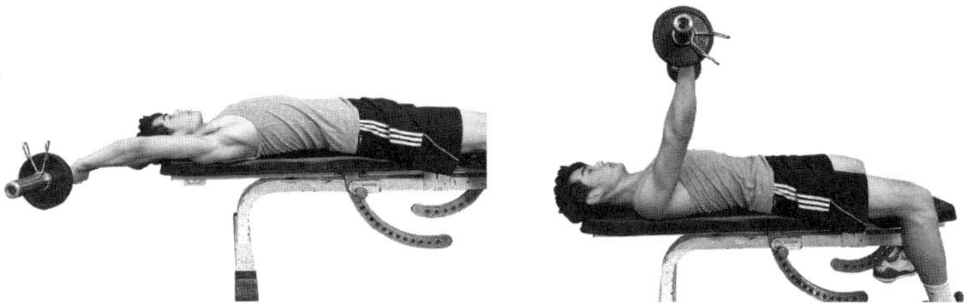

图 6-4-3　仰卧直臂拉起

要点：做动作前要头后引臂至最低位，充分拉长胸大肌；做动作时要尽量想着用胸大肌发力。这样能有效地锻炼胸大肌，特别是增强其上半部肌力。

呼吸：用力时憋气，放铃时呼气。

（四）各种俯卧撑

作用：发展胸大肌、三角肌、肱三头肌和前锯肌。

做法：练习者做完俯卧撑后，同伴将其两腿提起置于自己腰际，练习者身体挺直，屈肘使胸部触地后立即伸直两臂算一次，反复练习直至疲劳再放下两腿。（图 6-4-4）

图 6-4-4　各种俯卧撑

要点：屈肘时，要尽量拉长胸大肌；用力时，要注意胸大肌发力。

呼吸：刚开始做时，可一口气做好几次，而后每做一次前吸气，成俯卧撑以及单臂俯卧撑姿势。

（五）双杠支撑摆动臂屈伸

作用：发展胸大肌和肱三头肌及前锯肌、三角肌。

做法：两臂伸直顶杠，以肩为轴，随着身体向前摆动，肩略向后移，向后摆动至最高处时屈肘，腰部和腹部要放松，再向前摆动时要用力伸直两臂，如此往复摆臂屈伸。（图 6-4-5）

要点：支撑摆动时，肩部前后移动幅度应尽量小；屈肘时，要用臂力控制住身体；起立时，胸大肌要积极参与协同用力。

呼吸：支撑摆动时，要自然呼吸，屈肘前吸气，向前摆动时呼气。

二、背部肌肉的锻炼方法

图 6-4-5　双杠支撑摆动臂屈伸

主要发展背部肌肉：斜方肌、菱形肌、背阔肌、背长肌、背短肌等。

（一）耸肩

做法：将杠铃从地面提起，身体伸直，两臂持铃下垂。做时用力向上耸肩（不屈肘）至最高位，然后复原再做。（图 6-4-6）

要点：向上耸肩时要注意斜方肌和肩胛提肘的积极用力，不得屈肘。另外，要徐徐下降做退让性动作。

呼吸：耸肩时吸气，复原时呼气。

图 6-4-6　耸肩

（二）弓身反飞鸟

做法：这个练习大体同俯卧反飞鸟，不同的是这个练习不是俯卧在长凳上，而是弓身成水平状，然后两臂向后上振（肘微屈），使器械约与肩同高，而后慢慢复原再做。（图 6-4-7）

要点：弓身后要尽量保持原来的姿势，两臂用力向侧后上振，上背部肌肉用力收缩。三角肌后部也要得到锻炼。

呼吸：后振时吸气，复原时呼气。

图 6-4-7　弓身反飞鸟

（三）屈体划船

做法：上体前倾与地面平行，同伴在前用手扶着练习者的头，练习者用背阔肌收缩之力以及向上提肘之力将横杠提拉至胸腹部。（图 6-4-8）

图 6-4-8　屈体划船

要点：做此练习要模拟划船动作以加大动作幅度。

呼吸：弓身拉铃时吸气，自胸部放下杠铃时呼气。

（四）下拉（在综合力量练习架上做）

做法：两臂拉住拉力架的把手，跪在地上或直立，而后用力下拉拉力器，使肘关节贴近身体两侧，把手挨近第七节颈椎。（图 6-4-9）

图 6-4-9　下拉

要点：不论是直立还是跪姿，都应挺直身体，下拉时不要爆发式用力，还原时也要控制速度。

呼吸：下拉时吸气，还原时呼气。

（五）宽握颈后引体向上

做法：两手采用宽握距，握住单杠成悬吊状态，然后用力屈肘使上体引向单杠，直至第 7 颈椎触及单杠算一次，再还原反复做。（图 6-4-10）

图 6-4-10　宽握颈后引体向上

要点：做时一定不要借身体的摆动力，要注意动作的振幅，悬吊时肩要充分拉开，而上拉时第 7 颈椎要触及单杠。

呼吸：拉引时吸气，复原或悬吊状时呼气。

（六）负重体屈伸（山羊）

图 6-4-11　负重体屈伸（山羊）

做法：俯卧在山羊椅或长凳上，两脚固定在肋木间（或由人扶持），两手在颈后固定重物，做体前屈接挺身起练习；也可双人做挺身起练习，练习者俯卧在同伴并拢的两膝上做挺身动作。（图 6-4-11）

要点：做时一定要使身体成反弓，充分收缩背肌；做静力练习时，要维持最大的肌紧张 6 秒左右。

呼吸：挺身或成反弓静止时用力吸气，并稍憋气，复原时立即呼气。

三、腹部肌肉的锻炼方法

腹部肌肉位于骨盆与胸腔之间，主要有腹直肌、腹内外斜肌。

（一）仰卧起坐

图 6-4-12　仰卧起坐

作用：发展腹内外斜肌、髂腰肌和腹直肌（以上腹部为主）。

做法：仰卧在凳上或垫上（背部悬空难度大，效果更好），两手抱头或负轻重物，下肢固定，快速收腹起坐，再慢慢倒体至水平后重复做。（图 6-4-12）

要点：斜板起坐效果更好，斜板角度越大对锻炼腹肌及髂腰肌效果越好。做时要在充分拉长腹直肌的基础上，尽量收腹折体，使胸腹部贴近大腿。倒体时要慢，折体时要稍快。

呼吸：起坐前吸气，还原时呼气。

（二）膝或直膝两头起

图 6-4-13　两头起

作用：采用无固定的两头起，对整个腹部均有锻炼意义。

做法：仰卧，两臂在头后伸直。数 1 时，收腹起坐，同时屈膝（或直膝）举腿，两臂前摆，手触脚面（或手抱弯曲的膝部）。（图 6-4-13）

（三）体旋转

图 6-4-14　体旋转

作用：增强腹内外斜肌的力量。

做法：身体直立，两腿分开约比肩宽，肩负杠铃做左右转体动作。（图 6-4-14）

要点：旋转时会产生一种离心力，这时要用对侧的腹内外斜肌加以控制，然后再向另一侧旋转。

呼吸：自然呼吸，不憋气。

四、肩部肌肉的锻炼方法

上肢肌主要由三角肌、肱二头肌、肱三头肌、前臂肌群及手肌组成。

（一）直臂前平举并上举

图 6-4-15　直臂前平举并上举

作用：发展三角肌前部等肌群。

做法：直立，两臂下垂持铃（杠铃、哑铃或杠铃片），直臂前平举静止 4 ~ 6 秒再上举至直臂支撑。（图 6-4-15）

要点：身体微前倾，用两臂上举之力，不得借助展体之力。

呼吸：上举时吸气，举直后呼气。

（二）直臂侧平举并侧上举

图 6-4-16　直臂侧平举并侧上举

作用：发展三角肌中部等肌群。

做法：直立，两臂下垂持铃，做直臂侧平举，稍停，再上举成直臂支撑。（图 6-4-16）

要点：上抬两臂时肘可微屈，不得借助外力来抬臂。

呼吸：抬臂时吸气，放下时呼气。

（三）宽握颈后推

图 6-4-17　宽握颈后推

作用：这是一个发展上肢综合肌群的练习，它能发展三角肌（中束为主）、肱三头肌、胸大肌和前锯肌。宽握距对增强三角肌力有更好的效果。

做法：将杠铃放置在颈后肩上，用伸臂之力将杠铃沿枕部上举至两臂在头上伸直。（图 6-4-17）

要点：上举时，三角肌、胸大肌开始用力，而后，肱三头肌接着用力，这时三角肌不应放松。

呼吸：上举前吸气，两臂伸直后调整呼吸。

（四）宽握坐推

作用：发展三角肌前束、中束及肱三头肌，对胸大肌、前锯肌也有影响。

做法：同颈后宽推，不同之处是杠铃放在胸前，坐在凳上。（图 6-4-18）

图 6-4-18　宽握坐推

（五）胸前弯举

图 6-4-19　胸前弯举

作用：发展肱二头肌、前臂及上臂屈肌。

做法：两脚开立，两臂持铃下垂，掌心向前，然后屈臂将杠铃（哑铃和铃片）弯举至胸前，再徐徐还原继续做。（图 6-4-19）

要点：做动作前一定要伸直两臂，充分拉长肱二头肌；做时身体不要前后摆动，要完全用前臂及上臂屈肌之力慢慢将器械举起再慢慢放下。

呼吸：用力前吸气，放下器械时呼气。

（六）颈后臂屈伸

做法：身体直立，两手正握小杠铃或 U 形杠铃（或铃片），肘高抬，上臂固定在耳侧，然后做臂屈伸动作，将杠铃等重物向上举起，直至两臂伸直。（图 6-4-20）

要点：肘要高抬，肘尖向上，两肘夹紧，用力时不得外分或借助其他力量。

呼吸：用力时吸气，直臂后呼气。

图 6-4-20　颈后臂屈伸

（七）腕弯举

做法：坐在凳上（或半蹲），两手反握横杠（或重哑铃），将腕关节垫放在膝关节上（或凳上），肘关节紧贴大腿，然后手腕向上弯曲伸开的手指，同时用力上举。（图 6-4-21）

要点：肘、腕要固定，做前五指可微微伸开并握住横杠，腕弯举的动作要慢，这样可以有效地发展屈腕、屈指肌群的力量。如采用正握腕屈伸动作，则主要发展前臂背侧面伸指肌群的肌肉。其做法和反握相同，不同的是采用了正握。

图 6-4-21　腕弯举

五、腿部肌肉的锻炼方法

下肢肌主要有臀大肌、股二头肌、半腱肌、半膜肌、大收肌、股四头肌、小腿三头肌和屈足肌群。

（一）下蹲（前蹲、后蹲、静蹲等）

做法：将杠铃放在胸前做下蹲起立叫前蹲。前蹲时，通常是两手握住放在蹲架上的杠铃，出肘将杠铃放在锁骨上，然后负铃向前走两步，离开深蹲架后保持挺胸直腰姿势慢慢下蹲（两腿可采取侧分或并腿）至大小腿夹角小于 90°后再起立。（图 6-4-22）

将杠铃放置颈后慢慢下蹲而后起立叫后蹲。在无杠铃的情况下可负人来练习，负人者最好在墙边或大树旁做，以便在失去重心时有所扶持，以防止受伤。（图 6-4-23）

坐在凳上而后站立叫坐蹲。下蹲至大小腿夹角在 90°以上叫半蹲。从直立位置慢慢超负荷下蹲而后借外力（保护者的帮助）站起叫推让蹲。做时，两腿分开约与髋同宽，要挺起胸部，收紧腰部。（图 6-4-24）

图 6-4-22　前蹲

图 6-4-23　后蹲

图 6-4-24　坐蹲

负铃下蹲到一定位置（135°或 90°），膝角固定不动 6 ~ 8 秒叫静蹲，它通过肌肉的等长工作不断增强肌肉的张力，从而发展力量。

要点：练习时，要“抬头挺胸腰收紧，慢慢下蹲快起立”。这样效果好，能防止受伤。

（二）腿蹬出（在综合力量架上做）

做法：坐在练习器的凳上，两腿弯曲蹬住练习器，缓缓向前蹬出至两膝完全伸直。（图 6-4-25）

要点：此练习能有效地发展股四头肌和股二头肌，对腰背无负担，因此能有效地防止腰背肌受伤，特别适合腰背力量弱或腰背有伤者做腿力训练。

图 6-4-25　腿蹬出

（三）坐姿腿屈伸

做法：坐在软面凳上，膝关节内缘紧贴凳面，足负重物（在力量练习架上则为足背贴练习器械）做腿屈伸动作。在综合力量架上练习，方法相同（在无器械的情况下，两人可做对抗性腿屈伸练习）。（图 6-4-26）

图 6-4-26　坐姿腿屈伸

要点：腿屈伸是一个发展股四头肌的有效练习，做时要注意充分伸直两腿，然后慢慢还原。

（四）腿弯曲

做法：足负重物做连续弯举动作（直立或俯卧）；也可俯卧在凳上，双脚勾住身后的橡皮筋拉力器（或综合练习架上的滚筒），两手抓住身前支撑物，两腿做弯举动作。（图 6-4-27）

图 6-4-27　腿弯曲

要点：弯举时要充分用力，然后慢慢还原。

（五）负重提踵

做法：肩负杠铃，足趾下可垫木板或铃片，然后做直提踵动作，连续做。（图 6-4-28）

要点：做提踵时，应特别注意，不要在做动作前有意前移身体重心，因为这样练习很容易，但效果极差。

图 6-4-28　负重提踵

六、健美运动锻炼计划举例

（一）入门阶段（表 6-4-1）

表 6-4-1　健美运动锻炼入门阶段

顺序	动作名称	第一个月	第二个月	第三个月
1	卧推	3×(10～12)	3×(10～12)	3×(8～10)
2	划船	2×(10～12)	3×(10～12)	3×(8～10)
3	前平举	2×(10～12)	2×(10～12)	2×(8～10)
4	正握弯举	2×(10～12)	2×(10～12)	3×(8～10)
5	颈后臂屈伸	2×(10～12)	3×(10～12)	3×(8～10)
6	腕弯举	3×(10～12)	3×(10～12)	2×(8～10)
7	深蹲	2×(10～12)	3×(10～12)	3×(8～10)
8	仰卧起坐	2×15	2×20	3×20

说明：如“2×(10～12)”，“2”是指完成练习的组数，“(10～12)”是每组练习的次数。要求采用的重量与每组练习的次数密切结合，如果采用这个重量做不到 10 次，说明重量太重，要适当减轻；如果超过 12 次，则说明重量太轻，要适当加重。以下两表同。

（二）初级阶段（表 6-4-2）

表 6-4-2　健美运动锻炼初级阶段

顺序	动作名称	第一个月	第二个月	第三个月
1	俯卧撑	3×(12～15)	3×(15)	3×(15)
2	仰卧屈臂上拉	2×(10～12)	3×(10～12)	3×(8～10)
3	划船	2×(10～12)	3×(10～12)	3×(8～10)
4	颈后推举	2×(10～12)	2×(10～12)	3×(8～10)
5	反握弯举	2×(10～12)	2×(10～12)	2×(8～10)
6	俯身弯起	2×(10～12)	2×(10～12)	2×(8～10)
7	跨举	3×(10～12)	3×(10～12)	3×(8～10)
8	直腿上举	2×15	2×20	3×20

（三）中级阶段（表 6-4-3）

表 6-4-3　健美运动锻炼中级阶段

顺序	动作名称	第一个月	第二个月	第三个月
1	卧推	3×(10～12)	3×(10～12)	3×(8～10)
2	划船	2×(10～12)	3×(10～12)	3×(8～10)
3	立正上拉	2×(10～12)	2×(10～12)	2×(8～10)
4	俯立正握弯举	2×(10～12)	3×(10～12)	3×(8～10)
5	仰卧臂屈伸	2×(10～12)	2×(10～12)	3×(8～10)
6	体侧举	2×(10～12)	2×(10～12)	2×(8～10)
7	半蹲	3×(10～12)	3×(10～12)	3×(8～10)
8	举踵	2×(12～15)	2×(12～15)	3×(12～15)

第五节 健美比赛规则

一、比赛类别和比赛内容

健美比赛按目的和举办方式分为锦标赛、冠军赛、精英赛、邀请赛等。

比赛内容有规定动作和自选动作两部分。男子单人规定动作有前展双肱二头肌、后展双背阔肌、侧展肱三头肱、前展腹部和腿部。女子单人规定动作有前展双肱二头肌、侧展胸肌、后展胸肌、后展双肱二头肌、侧展肱三头肌、前展胸部和腿部。男、女混合双人规定动作有前展双肱二头肌、侧展胸部、后展双肱二头肌、侧展肱三头肌、侧展和后展肱二头肌、前展腹部和腿部。

二、比赛程序

比赛分预赛（又称淘汰赛）、半决赛和决赛3个阶段。一般预赛不对外公开，也不比赛自由造型。半决赛和决赛既有自由造型比赛，又有规定动作比赛。

三、裁判评分依据

（一）男子个人

（1）看肌肉。看运动员的发达肌群，看他们的“三度”，即围度、力度和密度，占60%。

（2）看匀称。看平衡的骨架、端正而又比例协调的人体外观，以及布局美观对称的肌肉形态，占10%。

（3）看造型。看肌肉控制能力，看全身各部位肌群的优美造型，还要看规定动作的规范性和自由造型动作是否连贯流畅，以及气质是否与音乐、动作融为一体，是否有鲜明的个性，占10%。

（4）看仪表与气质。看运动员的形象、姿态、发型及赛场表现，占10%。

（5）看皮肤。看全身皮肤的健康状况，有无文身、斑痕，以及着色是否恰当，占10%。

（二）女子个人

（1）体格健康、强壮，占20%。
（2）骨架匀称、举止优雅，占20%。
（3）肌肉发达、线条清晰、四肢比例合适、肌肉分布匀称，占40%。
（4）气质高雅，仪态端庄，占20%。

（三）男女混合双人

（1）看体型和肌肉发育水平是否和谐。
（2）看表演的动作在姿势、节奏、幅度、体位、舞台气势、神韵等方面是否和谐。
（3）看是否能准确完成动作，做到动作配合默契。
（4）看自由造型是否整齐一致、此起彼伏、你退我进、左右对称、前后呼应、刚柔相济。

四、比赛通则

（一）男子个人分8个级别（按体重分）

羽量级：体重在60.00千克以下；
雏量级：体重在60.01~65.00千克；
轻量级：体重在65.01~70.00千克；
次中量级：体重在70.01~75.00千克；
轻中量级：体重在75.01~80.00千克；
中量级：体重在80.01~85.00千克；
轻重量级：体重在85.01~90.00千克；
重量级：体重在90.01千克以上。

（二）女子个人分4个级别（按体重分）

雏量级：体重在48.00千克以下；

轻量级：体重在 48.01～52.00 千克；

中量级：体重在 52.01～57.00 千克；

重量级：体重在 57.01 千克以上。

五、比赛的有关规定

（1）禁止运动员穿鞋，戴表、戒指、耳环、假发，吃口香糖，过分化妆等。

（2）运动员不准文身、长发披肩等。

（3）允许皮肤打油、着色，但不得勾画。

（4）男子动作不得少于 15 个，时间不得超过 60 秒；女子动作不得少于 20 个，时间不得超过 90 秒；男、女混双的自由造型时间则为 120 秒。

学习感悟

健美的功能在于全面提高人体素质，塑造健、力、美三者有机结合的人体美，调节心理活动，陶冶美好情操，积极发展身心健康，科学、合理、安全、有效地提升生活品质。

思考题

1. 简述健美运动的发展历程。
2. 试述健美锻炼对人体的作用。
3. 简述人体的主要肌肉及其功能。
4. 简述卧推练习的方法。